인문사회과학 논문 작성법

THESIS WRITING GUIDE FOR HUMANITIES AND SOCIAL SCIENCE STUDENTS

THESIS WRITING GUIDE FOR HUMANITIES AND SOCIAL SCIENCE STUDENTS

인문사회과학 논문 작성법

이광희 지음

한양대학교 출판부

열성의 초심자가 무지의 바위가 아닌 구성의 돌뿌리에 넘어짐은 그야말로 안타깝기 짝이 없는 일이다. 그래서 이 책은 소박한 범위임에도 목표만큼은 확고하다. 학술 글쓰기를 시작하는 인문사회과학 연구자에게 개략적인 안내도 정도만 제시하자는 것이다.

'논문 작성법'이라는 말에 어떤 의식이나 이상 같은 것을 떠올린다면, 그런 환상은 단번에 떨쳐내야 한다. 거기에는 마법도 없지만, 그렇다고 길이 아예 없는 것도 아니다. 명료한 사고, 정확한 언어, 그리고 사실의 조합과 해석에 대한 지속적 헌신을 요구하는 정직한 관습의 기술일 뿐이다.

구성은 다음과 같다.

- 제1부는 기초를 '시작'한다: 논문의 본질에 대한 이해, 연구 주제 선정의 과정, 선행 연구에 대한 비판적 평가를 다룬다.

- 제2부는 탐구의 '배경'을 확보한다: 방법론, 데이터의 뉘앙스, 그리고 문헌과 텍스트의 해석이다.
- 제3부에서는 창작의 '실제'로 진입한다: 개요 작성, 서론과 본론의 구성, 이어서 원만하게 결론을 내리는 과정이다.
- 제4부는 다듬기, 발표, 게재 등 잠정적 '완성'을 추구한다: 수정, 심사, 그리고 세상과 업적을 공유하는 현실적 절차와 아울러, 현대판 프로메테우스, AI와의 교차점도 이제는 어쩔 수 없이 언급한다.

거창한 덕담이나 도움 되지 않는 권위는 거부한다. 그럴듯한 완벽함도 주장하지 않겠다. 그러니 학술 글쓰기라는 특수 목적의 수련 과정에서 이제 그만 경륜과 고집을 내려놓기 바란다. 그럴 용의가 있다면, 탐구와 수용의 정신으로, 이제 나아가자.

차례

시작

Part 01

1장

논문이란

대학원은 지식의 소비자에서 지식의 생산자로 첫걸음을 내딛는 일반적 관문이다. 이때 가장 중요한 결과물, 혹은 과정 그 자체는 논문이라는 형식으로 구현된다. 논문은 학위 취득을 위한 요건인 동시에, 학문적 역량을 증명하고 학계와 소통하는 공식 언어인 것이다.

1.1 과제 vs 논문

학부 시절 많은 과제물과 보고서를 작성해보았을 것이다. 대학원에서 마주하는 논문은 이와는 다른 차원의 글쓰기를 요한다. 그 차이는 다음과 같다.

목표

과제물의 목표는 주어진 지식을 얼마나 잘 이해하고 정리했는가를 평가하는 데 있다. 이에 반해 논문의 목표는 기존 지식에 더하여 어떤 새로운 주장이나 관점을 제시하는가를 보여주는 데 있다. 과제물이 '학습'의 증거라면 논문은 '탐구'의 증거이다.

독자

과제물의 주된 독자는 채점을 하는 교수 한 명이다. 하지만 논문의 잠재적 독자는 지도교수를 포함하여, 해당 분야에 관심을 가진 많은 연구자이다. 이 불특정 다수의 동료들이 충분히 이해하고 설득될 수 있도록 써야 하는 것이 논문이다.

핵심

과제물의 핵심이 학습(요약)의 '성실성'에 있다면, 논문의 심장은 주장의 '독창성(originality)'에 있다. 독창성이 없는 주장이라는 말 자체로 사실 어불성설(語不成說) 아닌가? 논문의 모든 데이터와 분석 및 해석은 독창성을 위해 일해야 한다. 그것이 논문의 첫 번째 기여(contribution)이다.

1.2 자료 정리 vs 논문

그렇다면 과연 독창적 주장이란 무엇인가? 이는 단순히 사실을 나열하거나 현상을 묘사하는 것이 아니라, 연구자의 비판적 분석을 통해 도출된, 논쟁의 여지가 있는, 핵심 명제를 의미한다. 아래 두 분야의 예시를 통해 개인적(일상적) 관심사가 어떻게 구체적인 주장으로 발전하는지 보자.

예시 1: 인문과학 분야

1단계: 단순한 주제 서술

본고는 셰익스피어의 『햄릿』에 나타난 '광기'라는 주제를 다룬다.

2단계: 자료 정리 예고

본고는 『햄릿』의 광기에 대한 프로이트 학파와 페미니즘 학파의 견해를 살펴보고자 한다.

- 문제점: 여전히 필자의 고유한 목소리가 없다. A학자는 이렇게 말했고, B학자는 저렇게 말했다는 식의 나열일 뿐이다.

2단계 심화: 소극적 의견 제시

- 『햄릿』의 광기에 대한 두 학파의 견해를 비교한 결과, 페미니즘적 분석이 더 설득력 있는 것으로 보인다.
- 문제점: 약간의 진전은 있지만, 왜 더 설득력 있는지에 대한 독자적 분석과 근거가 없다면 단순한 감상에 머무르고 만다. 주장보다는 선택에 가깝다.

3단계: 독창적 주장의 제시 (논문 수준)

본고는 『햄릿』의 광기가 프로이트적 관점의 억압된 욕망이 아니라, 부패한 권력 구조 속에서 살아남기 위한 마키아벨리적 정치 연기였음을 주장하고자 한다.

- 차별점: 이 주장은 구체적이고 논쟁적이다. 이를 증명하기 위해 필

자는 기존 해석(프로이트적 관점)을 비판적으로 검토하고(문헌 연구), 자신의 주장을 뒷받침할 장면을 분석하며(텍스트 분석), 당대의 정치사상(마키아벨리즘)을 근거로 제시하는(역사적 접근) 등 명확한 방법론적 경로를 따라간다.

예시 2: 사회과학 분야

1단계: 단순한 주제 서술

본 연구는 한국 사회의 청년 실업 문제를 다룬다.

2단계: 현황 보고

본 연구는 통계청 자료를 바탕으로 한국 사회 청년 실업률의 추이를 분석하고 그 심각성을 알리고자 한다.

- 문제점: 현상을 기술하는 데 그칠 뿐 원인이나 대안에 대한 분석적 시각이 없다.

3단계: 독창적 주장의 제시 (논문 수준)

본 연구는 한국의 높은 청년 실업률의 핵심 원인이 대기업-중소기업 간 노동시장의 이중구조에 있다고 보고, 이것이 청년의 자발적 실업을 유도하는 메커니즘을 실증적으로 분석하고자 한다.

- 차별점: 실업의 원인에 대한 명확한 가설(노동시장 이중구조)을 제시했다. 이를 증명하기 위해 필자는 관련 통계 데이터를 분석하고(양적 연구), 청년 구직자와의 심층 인터뷰를 통해(질적 연구) 자신의 주

장을 입증한다.

1.3 학위논문 vs 학술지 논문

논문은 크게 학위논문(석사, 박사)과 학술지 논문으로 나뉜다. 본질적으로는 같지만, 목표와 형식에 있어서 약간의 차이가 있다.

구분	학위논문 (thesis/dissertation)	학술지 논문 (journal article)
목표	특정 분야에 대한 숙련도와 독립적 연구 수행 능력을 증명 (학위 취득)	학문 공동체에 새로운 지식을 기여하고 동료 연구자들과 소통
분량 및 범위	비교적 길고 포괄적이며, 상세한 선행 연구 검토와 방법론적 설명이 요구됨	특정 주제에 집중하며 압축적이고 간결(분량 제한)
심사 주체	지도교수를 포함한 심사위원	익명의 동료 심사자들
성격	한 연구자의 탐구 과정을 총체적으로 보여주는 종합 보고서	학문적 대화에 던지는 하나의 질문 및 답변

1.4 연구자의 마음가짐과 연구 윤리

훌륭한 논문은 글쓰기 기술만으로 완성되지 않는다. 연구자로서 올바른 마음가짐과 철저한 윤리 의식이 그 밑바탕을 이룬다.

연구자의 마음가짐

연구자는 지식을 수동적으로 받아들이는 학생이 아니라, 능동적으로 질문을 던지고 해답을 찾아 나서는 지적 탐험가이다. 끊임없는 호기심, 건전한 회의주의, 그리고 자신의 한계를 인정하는 지적 겸손함은 연구자가 갖춰야 할 덕목이다.

연구 윤리

학문 공동체는 신뢰를 기반으로 유지된다. 연구 윤리는 그 신뢰를 지키기 위한 최소한의 약속이고 동시에 엄격한 규율이다.

- **표절(plagiarism)**

  타인의 아이디어나 저작물의 출처를 명확히 밝히지 않고 자신의 것처럼 사용하는 것은 학문적 절도 행위이다.

- **데이터 위·변조**

  존재하지 않는 데이터를 만들어내거나(위조), 특정 결과를 유도하기 위해 데이터를 조작(변조)하는 행위는 학문의 근간을 흔드는 범죄이다.

- **부당한 저자 표시**

  연구에 실질적인 기여가 없는 사람을 저자로 포함하거나(선물 저자, gift author), 반대로 기여를 한 사람을 명단에서 누락하는 행위(유령 저자, ghost author) 등의 경우가 이에 해당한다. 모든 저자는 연구의 내용에 공동으로 책임을 진다.

- **중복 게재**

  발표했거나 심사 중인 원고를 타 학술지에 이중으로 투고하는 행위를 말한다. 하나의 연구 결과물은 하나의 출판물로 발표되는 것이 원칙이다.

2장

연구 주제

논문은 하나의 좋은 질문을 찾는 것에서 시작된다. 실제로 많은 연구자는 이 첫 단추를 끼우는 과정에서부터 어려움을 겪는 경우가 많다. 막연한 관심사를 학문적 탐구의 대상, 즉 연구 주제로 발전시키는 방법에 대해 알아본다.

2.1 연구 주제의 조건

좋은 연구 주제는 일반적으로 다음의 조건을 갖추고 있다. 그리고 이들은 서로 긴밀하게 연결되어 있어, 어느 하나라도 부족할 경우 연구 과정이 난관에 부딪히기 쉽다.

- 독창성 (originality): 기존 연구에 무엇을 더하는가?
- 가능성 (feasibility): 현실적으로 수행할 수 있는가?
- 시의성 (timeliness/relevance): 지금 이 연구가 왜 중요한가?

2.1.1 독창성: 새로운 목소리 더하기

독창성은 세상에 없는 것을 창조하라는 것이 아니다. 학문에서 말하는 독창성이란, 축적된 연구의 흐름 속에서 자신의 목소리를 내는 것을 의미한다. 이는 기존 연구의 빈틈(gap)을 찾아내거나, 다른 각도에서 문제를 조명함으로써 발현된다. 독창성을 확보하는 방법은 다음과 같다.

- **새로운 대상에 기존 이론 적용**
  널리 알려진 이론(예: 푸코의 권력 이론)을 아직 분석되지 않은 새로운 대상(예: 최신 OTT 플랫폼의 추천 알고리즘)에 적용하여 그 유효성을 검증한다.
- **기존 대상에 새로운 관점 적용**
  이미 많은 연구가 이루어진 고전적인 대상(예: 『햄릿』)을 최신 이론(예: 인지과학, 퀴어 이론)의 관점에서 재해석한다.
- **통설에 대한 비판적 재검토**
  학계에서 정설로 받아들여지는 주장에 대해 새로운 증거나 논리를 바탕으로 의문을 제기하고 반박한다.
- **새로운 자료의 발굴 및 분석**
  기존에 알려지지 않았던 새로운 1차 자료(고문서, 미공개 데이터, 희귀 영상 등)를 발굴하여 분석하고 그 의미를 해석한다.
- **학제간 융합**
  서로 다른 학문 분야의 이론이나 방법론을 결합하여 통합적 시각을 제시한다. (예: 화폐 철학의 개념을 언어학의 은유 분석 방법론과 결합하여 암호화폐 담론에 나타난 신뢰의 변화를 분석)

2.1.2 가능성: 이상과 현실

아무리 독창성이 있는 주제라 하더라도 실제 수행이 불가능하다면 좋은 연구 주제라 할 수 없다. 연구 가능성은 연구자의 능력과 주어진 환경 안에서 연구를 끝마칠 수 있는지의 여부를 따지는 현실적 조건이다.

- **시간**
  - 주어진 학위 과정 기간 안에 연구의 전 과정을 마무리할 수 있는가?
  - 방대한 사료나 장기간의 관찰이 필요한 연구는 아닌가?
- **자료**
  - 연구에 필수적인 자료(문헌, 데이터, 인터뷰 대상 등)에 접근할 수 있는가?
  - 특정 기관의 내부 자료, 해외 도서관의 희귀 자료, 특정 집단의 전문가 등, 사전 접근 가능성이 확보되어 있는가?
- **역량**
  - 주제를 탐구하는 데 필요한 이론적 지식이나 방법론적 기술(예: 특정 외국어 능력, 통계 분석 능력, 프로그래밍 기술 등)을 갖추고 있는가?
  - 부족할 경우 단기간에 학습하여 보완할 수 있는 수준인가?

원대한 계획을 세우기보다(예: 노벨상), 주어진 여건 안에서 마무리할 수 있는 주제를 선택하는 것이 현명한 판단이다.

2.1.3 시의성: 그래서 이 연구가 왜 중요한가?

연구자는 항상 'So what?'이라는 질문에 대한 답을 갖고 있어야 한다. 이는 지금 이 시점에서 자신의 연구가 학문적, 사회적으로 어떤 의미와 중요성을 갖는지 논리적으로 답할 수 있는지의 문제이다.

- **학문적 시의성**
  - 현재 학계에서 활발하게 논의되는 쟁점에 직접 개입하거나, 논쟁에

새로운 방향을 제시하는가?
  - 특정 이론의 발전에 기여하거나, 기존 연구의 한계를 극복하는 대안을 제시하는가?
- **사회적 시의성**
  - 현재 우리 사회가 마주한 문제나 현상의 원인을 진단하거나 해결 방안을 모색하는 데 기여하는가?
  - 연구 결과가 정책 수립이나 사회적 인식 개선에 영향을 줄 수 있는가?

오해하지 말아야 할 것은, 반드시 최근의 현상을 다루어야 시의성이 있는 것은 아니라는 점이다. 가령 고대사(古代史)에 대한 연구라도, 그 연구가 현대 사회의 정체성 문제나 정치적 갈등을 이해하는 데 새로운 시각을 제공한다면 얼마든지 적절한 시의성을 갖추었다고 할 수 있다.

2.2 아이디어를 연구 문제로 발전시키기

연구 주제의 조건을 이해했다면, 이제는 아이디어를 탐구 가능한 연구 문제(research question)로 구체화할 차례이다. 연구 문제는 논문의 방향을 결정하는 나침반 같은 역할을 한다. 그것은 논리적 흐름의 일관성을 위한 기초 설정으로서, 연구가 궁극적으로 탐구하려는 바를 독자에게 계속 각인시킨다. 단계별로 살펴보자.

1단계: 관심사를 구체적 주제로

연구는 보통 "나는 ~에 관심이 있다"는 어떻게 보면 다소 막연한 상태에서 출발한다. 이 단계에서는 개론서를 읽거나 관련 수업을 들으며 관심사

(interest)를 조금 더 구체적인 주제(topic)로 좁히는 작업이 필요하다.

- **넓은 관심사**

  인공지능, 19세기 영국 소설, 기후 변화, 암호화폐, K-Pop 팬덤 등.

- **구체적인 주제**

  인공지능의 편향성 문제, 제인 오스틴 소설 속 결혼관, 기후 변화에 대한 미디어 보도, 암호화폐 담론의 언어적 특성, K-Pop 팬덤의 조직적 활동 등.

2단계: 주제에서 문제의식 발견하기

논문은 주제를 설명하라고 있는 글이 아니다. 주제 안에 숨어 있는 문제와 논쟁점을 발견해서 파고들어야 한다. 이러한 문제의식은 선행 연구를 비판적으로 읽는 과정에서 드러난다.

- **선행 연구 검토 질문**
  - 이 주제에 대해 학자들은 주로 무엇을 논쟁하고 있는가?
  - 기존 연구들이 놓치고 있는 부분(gap)은 무엇인가?
  - 상반된 연구 결과가 있다면, 그 차이는 왜 발생하는가?
  - 기존 이론으로 설명되지 않는 새로운 현상은 무엇인가?

이러한 질문을 통해 단순 주제는 문제의식으로 발전한다.

- **문제의식 발견 예시**
  - 인공지능

    대부분의 연구가 인공지능의 기술적 편향성에만 집중하는데, 그 편향성을 사용하는 인간의 사회적 책임 문제는 간과되고 있지 않은가?

- 제인 오스틴

  많은 비평가들이 제인 오스틴의 소설을 낭만적 사랑의 성취로만 해석하는데, 소설 곳곳에 드러나는 경제적 계산과 계급적 불안의 문제를 너무 가볍게 다루는 것은 아닌가?

- 화폐철학/언어학

  사람들은 코인(coin), 지갑(wallet) 등, 전통 화폐와 관련해 쓰던 단어를 암호화폐에 그대로 사용한다. 이런 언어적 은유가 암호화폐의 기술적 본질을 가리고, 사용자들에게 안정성의 착각을 심어주는 것은 아닐까?

- 대중문화

  최근 K-Pop 팬덤은 단순히 앨범을 사는 소비자를 넘어, 아이돌의 성공을 위해 직접 홍보하고 여론을 관리하는 프로슈머(prosumer)의 수준까지 이르렀다. 이것은 자발적 애정의 표현인가, 기획사의 정교한 상업 전략에 동원된 비공식 노동인가?

3단계: 문제의식을 연구 문제로

문제의식이 비교적 명확해졌다면, 이제 이를 논문을 통해 답을 찾을 수 있는 하나의 질문으로 만들어야 한다. 좋은 연구 문제라 함은 다음의 특징을 가진다.

- 명료성: 누구나 질문의 의도를 명확하게 이해할 수 있어야 한다.
- 집중성: 하나의 논문에서 답할 수 있을 만큼 범위가 '좁아야' 한다.
- 논쟁 가능성: '예/아니오'로 답할 수 있거나, 모두가 아는 사실을 확인

하는 질문이어서는 안 된다. 분석과 논증을 통해 답을 찾아야 하는, 논쟁의 여지가 있는 질문이어야 한다.

아래는 분야별로 미흡한 연구 문제 및 개선 예시이다.

분야	미흡한 연구 문제	개선 예시
사회과학	소셜 미디어는 우리 사회에 해로운가? (너무 넓고 가치판단적)	인스타그램의 시각적 콘텐츠 특성은 10대 여성의 신체 이미지에 대한 자기 인식과 어떤 관계가 있으며, 이 과정에서 사회적 비교 기제는 어떻게 작동하는가? (구체적, 관계 지향적)
영문학	제인 오스틴은 왜 위대한 작가인가? (증명 불가능하고 주관적)	제인 오스틴의 소설 『오만과 편견』에서 자유간접화법은 인물의 내면 심리를 드러내는 동시에, 당시 사회의 억압적 분위기를 비판하는 데 어떻게 기능하는가? (분석적, 기능 중심적)
화폐철학/ 언어학	암호화폐 용어는 어려운가? (단순하고 분석의 여지가 적음)	암호화폐 담론에서 사용되는 금융 은유는 사용자의 기술적 이해 및 위험 인식에 어떠한 영향을 미치는가? (심층적, 영향 관계 분석)
대중문화	K-Pop 팬덤은 대단하다. (연구 질문이 아닌 감상)	K-Pop 팬덤의 '총공(총공격)' 문화에 나타난 자발성과 동원성의 경계를 비판적으로 분석하고, 이를 플랫폼 노동의 관점에서 어떻게 재해석할 수 있는가? (비판적, 재해석 요구)

이처럼 연구 문제를 설정하는 과정은 단번으로 끝나지 않는다. 선행 연구를 충분히 읽고, 동료와 심도 있게 토론하며, 지도교수와 건설적으로 논의하는 과정을 통해 다듬는 과정을 필요로 한다. 잘 벼려진(well-honed) 연구 문제 하나가 논문 작성의 전체 과정을 꾸준히 끌고 나가는 힘이 되는 것이다.

2.3 분야별 연구 문제 설정 사례

사례 1: 철학

- **1단계** (넓은 관심사)
  - 기술과 인간의 관계.
- **2단계** (구체적 주제)
  - 인공지능이 인간의 정체성에 미치는 영향.
- **3단계** (문제의식 발견)
  - 대부분의 논의가 인공지능이 인간을 대체할 것인가라는 기능적 측면에 머물러 있다. 하지만 인공지능과의 상호작용 자체가 인간의 자기 이해 방식을 어떻게 변화시키는가에 대한 현상학적 탐구는 부족하다.
- **4단계** (연구 문제 공식화)
  - 인간-인공지능 상호작용 경험은 메를로-퐁티(Maurice Merleau-Ponty)의 체화된 신체(embodied body) 개념을 통해 어떻게 재해석될 수 있으며, 이는 전통적인 주체-객체 이분법에 어떤 도전을 제기하는가?

사례 2: 사회학

- **1단계** (넓은 관심사)
  - 도시 공간의 변화.
- **2단계** (구체적 주제)
  - 젠트리피케이션(gentrification) 현상.
- **3단계** (문제의식 발견)
  - 젠트리피케이션 연구는 주로 상업 자본의 유입과 임대료 상승이라는 경제적 측면에 집중한다. 하지만 그 과정에서 기존 거주민들이 겪

는 공간적 박탈감이나 공동체 해체와 같은 문화·정서적 측면은 상대적으로 조명이 되지 않았다.

- **4단계** (연구 문제 공식화)
  - 서울 성수동 지역의 젠트리피케이션 과정에서, 원주민들은 자신들의 장소 기억(place memory)을 어떻게 재구성하며, 이는 새로운 도시 공간의 문화적 정체성과 어떻게 갈등 또는 협상하는가?

사례 3: 언어학 (양자 의미론)

- **1단계** (넓은 관심사)

- 언어와 의미의 본질.

- **2단계** (구체적 주제)
  - 양자역학 개념의 언어학적 적용 가능성.
- **3단계** (문제의식 발견)
  - 전통 의미론은 단어의 의미를 고정된 값으로 간주하지만, 실제 언어 사용에서 의미는 중첩되고 확률적으로 결정되는 경우가 많다. 양자역학의 중첩(superposition) 개념이 이러한 의미의 불확정성을 설명하는 데 더 적합한 틀을 제공할 수 있지는 않을까?
- **4단계** (연구 문제 공식화)
  - 문장의 의미가 결정되는 과정을 양자역학의 측정(measurement) 문제에 유비추론할 때, 다의어(polysemy)의 의미 분화 현상은 양자 의미론(Quantum Semantics)의 관점에서 어떻게 재구성될 수 있는가?

사례 4: 화폐철학/암호화폐

- **1단계** (넓은 관심사)
  - 화폐와 신뢰의 관계.

- **2단계** (구체적 주제)
  - 탈중앙화된 시스템에서의 신뢰 구축 메커니즘.
- **3단계** (문제의식 발견)
  - 전통 화폐는 국가라는 중앙화된 주체가 신뢰를 보증한다. 하지만 비트코인은 중앙 주체 없이 참여자들의 합의(알고리즘)만으로 신뢰를 구축한다. 이러한 수학적 신뢰가 기존의 사회적, 제도적 신뢰를 완전히 대체할 수 있는가? 둘 사이의 철학적 단절은 무엇인가?
- **4단계** (연구 문제 공식화)
  - 비트코인 백서에 나타난 이중지불(double-spending) 문제의 해결 방식은 전통적인 화폐 철학의 신뢰 개념을 어떻게 해체하고 재구성하며, 이는 현대 사회의 탈중앙화된 거버넌스 논의에 어떠한 철학적 함의를 가지는가?

2.4 연구 문제 설정의 현실적 난관

연구 문제를 설정하는 과정에서 난관에 부딪히는 것은 지극히 자연스러운 과정이다. 흔히 마주하는 어려움과 이에 대한 구체적 해결 방안을 생각해보자.

상황 1: 주제가 너무 넓을 때 (the scope is too broad)

- **진단**
  - '20세기 한국 문학 연구', '소셜 미디어의 영향'과 같이 주제가 너무 광범위하면, 선행 연구를 다 읽을 수도 없고 논의의 초점을 맞추기도 어렵다.
  - 수박 겉핥기식의 피상적인 분석에 그치거나, 논문이 너무 산만해져

일관된 주장을 펼치기 어렵게 된다.

- **해결 방안: 범위 한정하기** (scoping down)
  - 시간적 한정: 특정 시기나 시대에 집중한다.

    (예: 20세기 한국 문학 → 1950년대 전후 복구기 소설에 나타난 트라우마 재현 양상)
  - 공간적 한정: 특정 지역이나 공간을 대상으로 삼는다.

    (예: 젠트리피케이션 연구 → 서울 망원동 지역의 젠트리피케이션과 로컬 크리에이터의 관계)
  - 대상 집단 한정: 특정 인구 집단이나 사례에 초점을 맞춘다.

    (예: 소셜 미디어의 영향 → 20대 남성 이용자의 유튜브 정치 콘텐츠 이용 동기와 정치적 태도 형성 관계)
  - 관점 및 측면 한정: 주제가 가진 다양한 측면 중 하나에 집중한다.

    (예: 인공지능 연구 → 인공지능 챗봇의 윤리적 문제 중 데이터 편향성 문제 연구)

상황 2: 주제가 너무 좁을 때 (the scope is too narrow)

- **진단**
  - 주제가 너무 협소하면 참고할 만한 선행 연구를 찾기 어렵고,
  - 논의를 확장하기 힘들어 논문의 분량을 채우지 못할 수 있다.
  - 지나치게 특이한 개인적 관심사에 매몰될 때 종종 발생한다.
- **해결 방안: 관점 확장하기** (scoping up)
  - 비교 관점 도입: 하나의 사례에만 집중하기보다, 다른 사례와 비교하여 공통점과 차이점을 분석한다.

    (예: 시인 A의 시에 나타난 죽음의 이미지 → 시인 A와 시인 B의 시에 나타난 죽음의 이미지 비교 연구: 1930년대 시대정신을 중심으로)
  - 추상화 수준 높이기: 구체적인 현상을 더 큰 이론적, 사회적 질문과 연결한다.

(예: 특정 K-Pop 아이돌 팬덤의 응원법 연구 → K-Pop 팬덤의 조직적 실천에 나타난 정동적 노동(affective labor)의 특성과 그 사회적 의미 연구)

- 질문의 전환: 무엇(what)을 묻는 데서 어떻게(how) 또는 왜(why)로 질문을 바꾼다.

  (예: A 작가의 소설에는 고양이 이미지가 자주 등장한다 → A 작가의 소설에서 고양이 이미지는 소외된 현대인의 알레고리로서 '어떻게' 기능하는가?)

상황 3: 선행 연구가 너무 많거나 적을 때 (dealing with literature)

- **진단 1 (너무 많을 때)**
  - 연구를 진행한다 한들 더 이상 할 말이 없을 것 같다는 무력감을 느끼게 한다.
- **해결 방안 1**
  - 틈새 찾기(finding a niche): 거대한 담론 속에서 아직 주목받지 못한 틈새를 공략한다.

    (예: 모두가 주인공을 연구할 때, 비중 없는 주변 인물에 주목하기)
  - 최신 쟁점 따라가기: 가장 최근에 발표된 2~3편의 핵심 논문들이 무엇을 놓고 논쟁하는지 파악하고, 그 논쟁에 개입한다.
  - 비판적 재해석: 확고한 통설로 여겨지는 주장을 다른 이론적 관점이나 새로운 증거를 통해 비판적으로 재해석한다.
- **진단 2 (너무 적을 때)**
  - 어디서부터 시작해야 할지 막막하고, 자신의 주장을 뒷받침할 근거를 찾기 어렵다. 연구가 학문적 대화에 참여하지 못하고 고립될 위험이 있다.
- **해결 방안 2**
  - 기회로 삼기: 선행 연구가 적다는 것은, 달리 생각하면 그 분야의 개

척자가 될 수도 있다는 의미이다. 탐색적 연구(exploratory study)로서 연구의 의의를 강조할 수 있다.

- 인접 분야에서 빌려오기: 직접적인 선행 연구가 없다면, 관련 있는 다른 학문 분야의 이론이나 방법론을 빌려와 적용한다.

  (예: 특정 온라인 커뮤니티에 대한 연구가 없다면, 사회학의 공동체 이론이나 인류학의 하위문화 이론을 적용해 분석의 틀을 마련할 수 있다.)

- 스스로 1차 자료 구축하기: 문헌이 부족하다면, 직접 인터뷰, 설문, 관찰, 자료 발굴 등을 통해 자신만의 1차 자료를 구축하여 분석의 토대로 삼는다.

학문적 탐구는 축적된 지식의 토대를 바탕으로 시작된다. 많은 연구자가 선행 연구를 단순히 요약하거나, 자신의 주장을 뒷받침하는 근거로 취사선택하는 오류를 범한다. 하지만 선행 연구 분석의 진정한 목적은 기존 연구의 흐름을 파악하고, 그 속에서 아직 채워지지 않은 빈틈을 발견하며, 내 연구가 그 빈틈을 어떻게 메울 수 있는지, 즉 학문적 대화에 어떻게 기여할 수 있는지를 설득력 있게 보여주는 데 있다.[1]

1 또 하나, 연구자가 빠지기 쉬운 함정은 선행 연구를 충분히 검토하지 않은 채 자기만의 생각에만 몰두하는, 이른바 학문적 섬(academic island)에 고립되는 것이다. 시간과 노력을 아무리 쏟아부어도 결국 바퀴를 재발명(reinventing the wheel)하거나, 학문 공동체가 더 이상 중요하게 생각하지 않는 허공 속의 질문(a question in a vacuum)을 던지게 될 수밖에 없다. 연구는 독백이 아니다.

3장

선행 연구 분석

"내가 더 멀리 볼 수 있었다면, 이는 거인의 어깨 위에 서 있었기 때문이다."

(If I have seen further, it is by standing on the shoulders of Giants.)

| 아이작 뉴턴(Isaac Newton) |

3.1 비판적 읽기

선행 연구를 분석하는 과정은 미지의 광야를 탐험하는 것과 같다. 이 과정에서 비판적 읽기(critical reading)는 지형을 파악하고 경로를 개척하게 해주는 도구가 된다. 그것은 저자의 주장과 논증 구조, 근거와 방법론을 능동적으로 질문하고 평가하며 읽는 행위를 의미한다. 수동적 읽기와 비판적 읽기를 비교하면 다음과 같다.

수동적 읽기 vs 비판적 읽기

	수동적 읽기 (passive reading)	비판적 읽기 (critical reading)
목표	저자가 무엇을 말하는지 이해하고 요약.	저자의 주장을 분석하고 평가하며, 그 한계와 가능성을 탐색.

	수동적 읽기 (passive reading)	비판적 읽기 (critical reading)
태도	텍스트의 권위를 인정하고 내용을 있는 그대로 받아들인다.	저자와 동등한 대화 상대자로서 끊임없이 질문을 던지고 논쟁한다.
주요 질문	저자는 무엇을 주장하는가?	저자의 주장은 타당한가? 그 근거는 충분한가? 다른 관점은 없을까?

비판적 읽기에서 가져야 하는 질문을 좀 더 구체적으로 알아보자.

- **핵심 주장(argument) 파악**
  - 이 논문이 해결하고자 하는 핵심 연구 문제는 무엇인가?
  - 이에 대한 저자의 핵심 주장, 즉 논지(thesis)는 한 문장으로 무엇인가?
- **논증 구조 분석**
  - 저자는 자신의 주장을 증명하기 위해 어떤 논리적 단계를 거치는가?
  - 각 단락의 핵심 아이디어는 무엇이며, 이 아이디어들이 어떻게 연결되어 전체 주장을 뒷받침하는가?
- **근거(evidence) 평가**
  - 저자가 제시하는 근거(데이터, 문헌, 사례 등)는 신뢰할 만한가?
  - 제시된 근거가 주장을 뒷받침하기에 충분한가?
  - 저자의 주장에 불리한 근거가 의도적으로 생략되지는 않았는가?
- **방법론(methodology) 검토**
  - 저자는 어떤 연구 방법론(질적, 양적, 문헌 분석 등)을 사용했는가?
  - 해당 방법론이 연구 문제를 해결하는 데 적절했는가?

- 다른 방법론을 사용했다면 결과는 어떻게 달라졌을까?

- **기여와 한계 평가**
  - 이 논문이 기존 연구의 흐름에 기여하는 바는 구체적으로 무엇인가?
  - 이 논문이 놓치고 있거나 더 논의되어야 할 지점, 즉 연구의 한계는 무엇인가?

    (★ 이 지점이 우리의 연구가 파고들 빈틈이 된다.)

비판적 읽기를 통해서만 선행 연구는 내 연구의 독창성을 확보하기 위한 과정으로 의미를 가진다. 선행 연구의 한계를 논리적으로 지적하는 것은 나의 연구가 왜 필요한지를 역설하는 가장 효과적인 전략이다. 물론, 이제 막 학문의 길에 들어선 연구자로서 지적 겸손함을 잃지 않는 태도도 필요하다. 선행 연구에 대한 비판은 기존의 기여를 존중하는 자세로, '이런 점이 보완된다면 더 좋겠다'는 식의 건설적인 제안 형태로 이루어지는 것이 좋다.

3.2 학술 데이터베이스 및 자료 활용법

3.2.1 도서관

비판적으로 읽을 선행 연구를 효율적으로 찾아내기 위한 전략적 출발점은 소속 대학의 도서관(학술정보관)이다. 대학 도서관은 막대한 비용을 지불하고 국내외 주요 학술 데이터베이스를 대부분 구독하고 있으며, 이를 통해 연구자들은 무료로 방대한 학술 자료에 접근할 수 있는 특권을 누린다. 아래 소개될 개별 데이터베이스는 직접 접속하기보다는(초록은 열람 가능하지만 원문은 유료인 경우가 대부분), 구독이 완료된 소속 도서관 홈페이지를 통해 접근하는 것이 여러모로 현명한 방법이다.

3.2.2 국내 학술 데이터베이스

학술 데이터베이스는 일반 인터넷 검색 엔진과 달리, 동료 심사(peer review)를 거친 신뢰도 높은 학술 자료만을 제공하는 경우가 많다. 여기서 동료란 연구자의 친구나 지인이 아니라, 해당 분야의 전문성을 인정받은 다른 연구자들을 의미한다. 논문 심사는 일반적으로 저자와 심사자 모두 서로의 신원을 알 수 없는 상태로 진행된다. 이처럼 한 연구자의 주장이 학문 공동체의 객관적이고 엄격한 검증을 거치기에, 학술 데이터베이스의 자료가 높은 신뢰도를 갖게 되는 것이다.

국내 연구 동향을 파악하기 위한 대표적 데이터베이스는 다음과 같다.

- **KCI** (Korea Citation Index, 한국학술지인용색인)

  한국연구재단이 운영하며, 국내 학술지의 수준을 평가하고 인용 관계를 분석하는 데 특화되어 있다. 특정 논문이 얼마나 많이 인용되었는지 추적할 수 있을 뿐만 아니라, KCI 영향력 지수(Impact Factor)를 통해 (3.2.5 참조) 국내 학술지의 영향력을 가늠할 수 있다.
- **RISS** (Research Information Sharing Service, 학술연구정보서비스)

  한국교육학술정보원(KERIS, Korea Education and Research Information Service)이 운영하는 국내 최대의 학술 자료 플랫폼이다. 국내 대학이 생산하는 학위논문(석·박사), 국내 학술지 논문, 단행본, 공개강의 등 방대한 자료를 통합적으로 검색할 수 있다. 특히 학위논문 원문을 가장 포괄적으로 제공한다는 점에서 연구자에게 필수적이다.
- **DBpia**

  국내 주요 학회와 출판사가 발행하는 학술지 논문을 중심으로 서비스

하는 대표적인 유료 데이터베이스이다. 인문, 사회, 자연, 공학 등 전 분야에 걸쳐 영향력 있는 학술지들을 다수 보유하고 있다. 최신 연구 동향을 파악하고 핵심적인 학술지 논문을 찾는 데 매우 유용하다.

- **KISS** (Korean studies Information Service System)

  한국학술정보(주)가 운영하는 국내 학술논문 데이터베이스로, 주로 인문사회계열을 중심으로 다양한 분야의 학술지 논문을 수록한다. 수록 자료는 대부분 KCI 등재지이며, 통합 검색과 학술지별 열람, PDF 원문 제공 기능을 갖춘다. 국내 연구 동향 파악과 선행연구 조사에 유용하며, 유료 기반의 서비스로 기관 구독을 통해 접근하는 방식이 일반적이다.

3.2.3 해외 학술 데이터베이스

다음으로 주요 해외 학술 데이터베이스를 알아보자.

- **Web of Science** (WoS)

  클래리베이트(Clarivate)사가 제공하는 역사와 권위를 가진 인용색인 데이터베이스이다. Web of Science는 학문 분야별로 영향력이 큰 핵심적인 학술지들을 엄격한 기준에 따라 선별하여 그 인용 관계를 제공한다. 대표적인 핵심 컬렉션은 다음과 같다.

  - SCIE (과학기술논문 인용색인 확장판, Science Citation Index Expanded)

    자연과학, 공학, 기술 분야의 가장 중요한 국제 학술지를 수록한다. 과거에는 더 엄선된 소수 저널 목록인 SCI(Science Citation Index)가 별도로 존재했으나, 2020년부터 클래리베이트사가 SCI를 SCIE에 통합하여 운영하고 있다. 따라서 현재 한국 학계에서 통용되는 SCI급 논문이라는 표현은 사실상 SCIE 등재 학술지에 실린 논문을 의미한다.

- SSCI (사회과학논문 인용색인, Social Sciences Citation Index)
  사회과학 분야 전반의 핵심적인 국제 학술지를 수록하며, 해당 분야 연구의 질과 영향력을 평가하는 중요한 기준으로 활용된다.
- A&HCI (예술 및 인문학논문 인용색인, Arts & Humanities Citation Index)
  인문학, 예술 분야의 주요 학술지를 포괄하는 인용색인으로, 해당 분야의 연구 성과를 평가하는 데 중요한 지표가 된다.

- **Scopus (스코퍼스)**

세계적 출판사 엘스비어(Elsevier)가 제공하는 인용색인 데이터베이스이다. 방대한 양의 학술지를 기반으로 하며, 특히 최신 연구 동향을 폭넓게 파악하는 데 강점을 보인다. 참고로 Web of Science와 Scopus는 각 분야의 핵심적인 학술지들을 다수 공유하므로, 두 데이터베이스에 동시에 등재된 학술지가 많다. 하지만 각 데이터베이스의 등재 기준과 범위가 달라, 한 곳에만 있는 학술지도 존재한다. 일반적으로 Scopus가 더 많은 학술지를 포함하며, Web of Science는 이보다 엄격한 기준으로 핵심 학술지를 선별한다는 인식이 있다. 포괄적인 선행 연구 조사를 위해서는 두 데이터베이스를 함께 활용하는 것이 이상적이다.

- **JSTOR (제이스토어, Journal Storage)**

디지털 학술 도서관으로 불리며, 특히 인문·사회과학 분야 연구자에게 유용한 데이터베이스이다. 최신 논문보다는, 핵심적인 학술지들의 창간호부터 수년 전까지의 과거 발행본(back issue) 전체를 원문 그대로 제공하는 아카이브(archive)로서의 성격이 강하다. 특정 주제의 역사적 배경이나 이론의 발전 과정을 깊이 있게 추적해야 할 때 요긴하다.

- **ProQuest (프로퀘스트)**

역시 방대한 학술 자료를 제공하는데, 특히 대학원생들이 꼭 참고해야 할 것은 전 세계 석·박사 학위논문을 가장 많이 보유한 ProQuest Dissertations & Theses Global (PQDT)이다. 내 연구 주제와 유사한 주제로 다른 나라에서는 어떤 학위논문들이 쓰였는지 확인하고, 그 구조와 내용을 참고하는 데 도움을 받을 수 있다. 내 연구가 다른 사람의 학위논문과 중복되지 않는지 확인하기 위해서라도 반드시 거쳐야 할 코스이다.

- **Google Scholar** (구글 학술 검색)

  전 세계의 다양한 학술 자료(논문, 도서, 초록 등)를 가장 폭넓고 편리하게 검색할 수 있는 도구이다. 접근성이 뛰어나 초기 자료 탐색에 매우 유용하다. Google Scholar의 특히 유용한 기능은 '~회 인용'으로 표시되어 있는 링크인데, 해당 논문을 참고한 후속 연구들의 목록을 확인할 수 있다. 이는 특정 연구가 후대에 어떤 영향을 미쳤는지, 그리고 현재 어떤 방향으로 논의가 발전하고 있는지 추적할 수 있는 방법이다. 다만, 동료 심사를 거치지 않은 자료도 함께 검색될 수 있으므로 선별적인 활용이 필요하다.

3.2.4 효율적인 검색 방법

방대한 데이터베이스 속에서 원하는 정보를 정확하고 빠르게 찾아내기 위해서 몇 가지 요령을 익혀두는 것이 좋다.

- **핵심 키워드(keyword) 선정 및 확장**

  자신의 연구 문제를 구성하는 중요한 단어 3~5개를 핵심 키워드로 정하는 것에서부터 시작한다. 하지만 같은 개념이라도 학자마다 다른 용어를 사용할 수 있으므로, 동의어나 유의어, 더 넓은 상위어와 구체적인 하위어를 함께 고려하여 검색의 폭을 넓혀 본다.

예 청년 실업을 연구한다면, 청년(youth, young adult), 실업(unemployment, joblessness), 비정규직(precarious work), 니트족(NEET) 등 다양한 키워드를 조합해볼 수 있다.

- **검색 연산자(search operators) 활용**

대부분의 데이터베이스는 검색의 정확도를 높이기 위한 고급 검색 연산자를 지원한다.

- 불리언 연산자(Boolean operators)[2]

AND, OR, NOT을 활용해서 검색 범위를 효과적으로 제어할 수 있다.

예 청년 AND (실업 OR 비정규직) NOT 대기업

① 청년이라는 단어는 반드시 포함하면서

② 실업 또는 비정규직을 다루지만

③ 대기업을 언급한 문서는 제외

- 구문 검색(phrase searching)

두 단어 이상이 반드시 붙어서 순서대로 나타나야 하는 경우, 큰따옴표("")로 묶어준다.

예 "social media"로 검색하면 social과 media가 떨어져 있는 문서는 제외하고 정확한 구문만 찾아준다.

- 절단(truncation)[3]

단어의 어간 뒤에 별표(*)를 붙여, 그 어간으로 시작하는 모든 파생

2 불리언(Boolean)이라는 용어는 현대 디지털 논리학의 기초가 되는 불 대수(Boolean algebra)를 창시한 영국의 수학자 조지 불(George Boole, 1815-1864)의 이름에서 유래했다.

3 '절단'이라는 용어는 단어의 끝부분을 잘라내어 변형형 전체를 포괄한다는 의미에서 유래했다.

어를 한 번에 검색하는 기능이다.

예 politic* 라고 검색하면 politics, political, politician 등 politic-으로 시작하는 모든 말을 찾아준다.

- 와일드카드(wildcard)[4]

  단어의 중간에 있는 한 글자를 대체하여, 철자가 다르거나 단수·복수형을 함께 찾고 싶을 때 사용한다. 물음표(?)가 주로 쓰인다.

  예 wom?n → woman, women

  organi?ation → organization (미국식), organization (영국식)

- **참고문헌 타고 넘기 (citation tracking)**

  내 연구 주제와 상당 부분 일치하는 핵심 논문(key paper) 한두 편을 찾아, 그 논문을 자료 검색의 허브로 삼는 방법이다. (★ 초보 연구자 강력 추천 방안: 공부도 되고 자료도 찾고 一石二鳥!!)

  - 과거로의 여행 (backward tracking)

    찾은 핵심 논문의 참고문헌(references)을 훑어본다. 거기에는 그 논문의 이론적 기반이 된 과거의 중요한 연구들이 모두 담겨 있다.

  - 미래로의 여행 (forward tracking)

    Google Scholar나 Web of Science 등의 '인용(Cited by)' 기능을 활용하여, 그 논문을 인용한 최신 후속 연구들을 찾아본다. 해당 주제가 어떻게 발전하고 비판받았는지 흐름을 파악하기에 좋다.

4 '와일드카드'는 카드 게임에서 어떤 카드로도 대체 가능한 '자유 카드'에서 유래했다.

3.2.5 학술지 영향력 지표의 이해

선행 연구를 찾다 보면, 어떤 학술지가 더 권위 있는지 판단해야 할 때가 온다. 이때 활용하는 객관적인 지표가 영향력 지수(Impact Factor, IF)이다. 이는 특정 학술지에 실린 논문들이 한 해 동안 평균적으로 얼마나 많이 인용되었는지를 보여주는 점수로, 학술지의 영향력을 가늠하는 척도가 된다.

- **JCR의 Impact Factor** (국제 학술지 대상)

  클래리베이트사의 JCR(Journal Citation Reports, 저널 인용 보고서)에서 매년 발표하는 IF는 국제적인 학술지의 영향력을 평가하는 대표적인 기준이다. IF는 아래와 같은 간단한 공식으로 산출된다.

A 학술지의 2024년도 IF를 계산하는 방법

$$\text{Impact Factor} = \frac{\text{2022-2023 논문들의 2024년 피인용 횟수}}{\text{2022-2023 논문 수}}$$

  만약 계산된 IF가 15.8이라면, 이는 A 학술지에 지난 2년간 실렸던 논문들이 작년에 평균 약 15.8회 인용되었다는 의미이다. 당연한 얘기지만, 이 계산은 Web of Science에 등재된 학술지로부터 받은 인용만을 포함하지, KCI에만 등재된 학술지로부터 받은 인용은 포함하지 않는다.

- **KCI 인용지수** (국내 학술지 대상)

  KCI 역시 JCR과 유사한 방식으로 국내 학술지의 영향력 지수(IF)를 제공한다. 기본적인 KCI 영향력 지수는 KCI 등재지 내에서의 인용만을 계산하여 국내 학계 내 영향력을 보여준다. 하지만 KCI는 국내 학술지의 국제적 영향력을 보여주기 위해 Web of Science(WoS)에서의 피인용 횟수까지 합산한 'KCI+WoS 통합 영향력 지수'도 일부 함께 제공한다. 이를 통해 KCI 등재 학술지가 국내뿐 아니라 국제적으로도 얼마나 인용되는지 종합적으로 파악할 수 있다.

3.3 문헌 관리 도구

선행 연구 조사를 진행하다 보면, 수십 편 혹은 그 이상의 많은 논문과 책을 다루게 된다. 이 방대한 자료들을 체계적으로 관리하지 않으면, 정작 글을 쓸 때 필요한 문헌을 찾지 못하거나 참고문헌 목록을 작성할 때 혼란을 겪게 된다. 일일이 손으로 정리하는 시대는 지났다. 이제는 서지 관리 소프트웨어(Bibliographic Management Software)를 활용하는 것이 연구의 효율성과 정확성을 높이는 필수적인 역량이 되었다.

3.3.1 대표적인 문헌 관리 도구

현재 많은 연구자가 사용하는 대표적인 문헌 관리 도구는 다음과 같다.

- **EndNote (엔드노트)**
  가장 오랜 역사와 전통을 자랑하는 유료 소프트웨어이다. 많은 대학 도서관에서 기관 라이선스를 구매하여 소속 연구자들에게 무료로 제공한다. 방대한 양의 참고문헌을 관리하는 데 안정적이며, 다양한 학술지에서 요구하는 인용 양식을 거의 모두 지원한다.
- **Zotero (조테로)**
  연구를 위한 무료 도우미(Free, easy-to-use tool to help you collect, organize, cite, and share research)를 표방하는 무료, 오픈소스 소프트웨어이다. 특

히 웹 브라우저 확장 프로그램과의 연동이 뛰어나, 버튼 클릭 한 번으로 웹페이지의 논문, 기사, 도서 정보를 자신의 라이브러리로 손쉽게 가져올 수 있다. 직관적인 인터페이스와 강력한 커뮤니티 지원 덕분에 많은 연구자가 선호한다.

- **Mendeley (멘들리)**

  엘스비어(Elsevier) 출판사에서 개발한 무료 문헌 관리 소프트웨어로, PDF 파일을 자동으로 정리하고 서지 정보를 추출하는 기능이 뛰어나다. 특히 드래그 앤 드롭만으로 논문 정보를 불러올 수 있어 효율적이다. 클라우드 기반으로 여러 기기에서 문헌을 동기화할 수 있으며, 워드 프로세서와의 연동도 지원된다.[5]

3.3.2 문헌 관리 도구의 기능

이러한 도구들은 공통적으로 다음과 같은 기능을 통해 연구 과정을 돕는다.

1. **수집 (collect)**

   학술 데이터베이스(RISS, DBpia, Google Scholar 등)에서 검색한 논문의 서지 정보를 클릭 몇 번으로 자신의 라이브러리에 자동으로 저장한다. PDF 파일을 직접 불러와 정보를 추출할 수도 있다. 수작업으로 인한 오타나 정보 누락의 위험을 미연에 방지할 수 있다.

5 최근에 기존 Mendeley Desktop에서 Mendeley Reference Manager로 전환되면서 일부 소셜 기능(예: 논문 공유 그룹, 추천 논문 피드 등)은 축소되었지만, 핵심적인 문헌 관리 및 인용 기능은 여전히 제공되고 있다.

2. **정리** (organize)

수집한 문헌들을 주제별, 프로젝트별로 폴더를 만들어 분류할 수 있다. 키워드 태그(#)를 달거나, 개인적인 메모나 아이디어를 기록하여 각 문헌을 체계적으로 관리할 수 있다.

3. **인용 및 서지 생성** (cite & create bibliography)

이 도구들의 가장 유용한 기능이다. MS 워드나 한컴 한글과 같은 워드프로세서에 플러그인 형태로 설치되면, 워드프로세서 상단 메뉴에 EndNote나 Zotero 같은 새로운 탭이 생성된다. 글을 쓰다가 인용이 필요한 문장 끝에 커서를 두고 '인용 삽입(insert citation)' 버튼을 누르면, 자신의 문헌 라이브러리를 검색할 수 있는 창이 나타난다. 여기서 원하는 문헌을 선택하면, 미리 설정해 둔 양식(예: APA, 시카고 등)에 맞춰 본문에 (Kim, 2024)와 같은 내주(in-text citation)나 각주(footnote)가 자동으로 삽입된다. 논문 마지막의 참고문헌 목록도 버튼 클릭 한 번으로 원하는 양식에 맞춰 자동으로 생성된다.

3.3.3 실질적인 활용 방법

- **대학 도서관 워크숍**

  역시 가장 먼저 확인해야 할 곳은 소속 대학의 도서관이다. 도서관에서는 엔드노트나 조테로 사용법에 대한 워크숍이나 온라인 강좌를 제공하는 경우가 많다. 전문 사서에게 직접 문의하여 도움을 받는 것도 한 방법이다.

- **온라인 동영상 강좌**

  일단은 가장 추천할 수 있는 방법이다. 유튜브(YouTube) 등에서 '조테로 기초', '엔드노트 워드 연동'과 같이 구체적인 키워드로 검색하면, 설치부터 고급 기능까지 차근차근 따라 할 수 있는 튜토리얼 영상을 쉽게 찾을 수 있을 것이다.

- **공식 웹사이트 및 사용자 커뮤니티**

  각 소프트웨어의 공식 웹사이트에는 상세한 사용 설명서(manual)와 자주 묻는 질문(FAQ)이 있다. 사용자 커뮤니티(forum)에서는 다른 연구자들이 겪었던 문제와 그 해결책을 찾아볼 수 있어 특정 문제에 부딪혔을 때 도움이 된다.

초기에 사용법을 익히는 데는 일정 시간이 필요하겠지만, 논문 전체의 완성도를 높이는 현명한 투자가 될 것이다. 실제로 논문 최종 심사에서 많은 연구자가 내용이나 논리는 고사하고, 참고문헌 목록의 양식 오류, 누락, 불일치와 같은 기술적인 문제로 예상치 못한 지적과 핀잔(이런 기본적인 것도 모르고 논문을 쓰나요?)을 받고, 이를 하나하나 수정하느라 큰 고통을 겪는 일을 자주 목격한다. 문헌 관리 도구는 최소한 기계적인 실수에서 비롯되는 스트레스는 원천적으로 차단한다. 일단 익숙해지면 연구의 질과 속도를 비약적으로 향상시킬 수 있음은 물론, 연구자가 사소한 형식의 문제가 아닌 창의적인 생각과 논리적인 글쓰기라는 본질에만 집중할 수 있도록 돕는다. 그래서 현대 연구 환경에서 문헌 관리 도구의 활용은 이제 선택이 아닌 필수라는 거다.

3.4 선행 연구를 통한 연구의 차별성과 위치 설정

선행 연구를 비판적으로 분석하고, 관련 자료를 효율적으로 수집·관리하는 궁극적 목표는 광활한 학문 지도 위에서 내 연구의 위치를 설정

(positioning)하고, 고유한 가치를 증명하기 위함이다. "당신의 연구는 기존의 것과 무엇이 다르며, 어떤 기여를 하는가?" 심사 과정에서 무조건 만날 수밖에 없는 이와 같은 질문에 답하기 위한 필수 과정이다.

3.4.1 학문적 빈틈 발견 및 명료화

비판적 읽기를 통해 종래의 연구들이 다루지 않았거나, 불충분하게 다루었거나, 혹은 다른 관점에서 접근할 필요가 있는 지점, 즉 학문적 빈틈(research gap)을 발견했다고 치자. 그러면 이제는 이 빈틈을 명확한 언어로 규정하고, 내 연구가 바로 그 지점을 파고든다는 점을 보여주어야 한다. 논문의 서론이나 이론적 배경 부분에서 이러한 빈틈을 명확히 제시함으로써, 독자들은 자연스럽게 내 연구의 필요성에 수긍하게 된다.

- **이론적 빈틈** (theoretical gap)

  기존 이론으로는 설명되지 않는 새로운 현상이 나타났거나, 특정 이론에 내재된 논리적 모순을 발견하는 경우. 이는 선행 연구에 대한 가장 깊은 수준의 이해를 요구하며, 연구자가 해당 분야의 논의를 완전히 소화했다는 증거이기도 하다. 하지만 이 지점에는 초보 연구자들이 가장 빠지기 쉬운 대단히 위험한 함정도 있다. 불충분한 연구를 바탕으로 성급하게 나만의 새로운 이론을 주창하고 싶은 유혹이다. 기존 학문 체계는 수많은 학자들이 평생에 걸쳐 쌓아 올린 지성의 성채와 같다. 그 견고한 논리를 충분히 이해하고 존중하지 않은 채 어설프게 새로운 이론을 제시하는 것은, 공동체 내에서 자칫 학문적 오만으로 비치거나 웃음거리가 되기 쉽다. 이론적 빈틈을 지적하는 것은 기존 학문을 부정하는 것이 아니라, 존중을 바탕으로 대화를 이어가려는 훈련의 결과여야 한다.

- **방법론적 빈틈 (methodological gap)**

  기존 연구들이 사용한 연구 방법의 한계를 지적하고, 새로운 방법론의 적용을 통해 다른 차원의 해답을 제안하는 경우. 예를 들어, 특정 암호화폐의 가격 변동성에 대한 대부분의 선행 연구가 거래량, 차트 등 시장 데이터(양적 연구)를 통해 언제 가격이 올랐고 내렸는지를 보여주는 데 그쳤다고 가정해보자. 이때, 데이터 분석만으로는 커뮤니티 내에서 어떤 이야기(narrative)와 집단적 믿음이 퍼져나가 가격 변동을 이끌었는지 그 사회적 과정을 보여줄 수 없다는 식의 방법론적 한계를 지적할 수 있다. 그리고 그 대안으로, 특정 커뮤니티의 게시글과 댓글을 분석하는 질적 담론 분석을 새로운 방법론으로 제안하며 연구의 차별성을 확보할 수 있다.

- **경험적 빈틈 (empirical gap)**

  특정 주제에 대해 아직 경험적 연구가 수행되지 않았거나, 특정 집단이나 지역을 대상으로 한 연구가 부족한 경우. 예를 들어, 웹툰 소비에 대한 대부분의 연구가 10~20대 독자에게 집중되어 있다면, 중장년층 독자들이 웹툰을 어떻게 수용하고 해석하는가에 대한 연구는 중요한 경험적 빈틈이 될 수 있다.

3.4.2 연구의 위치 설정

학문적 빈틈을 찾았다면, 다음 단계는 그것을 채우려는 내 연구의 역할을 규정하는 위치를 설정하는 것이다. 유형별 예시를 보자.

- **확장 및 보완**

  기존 연구 A의 주장은 대체로 타당하지만, 그 분석은 주로 서구 사회에 한정되어 있었다. 본 연구는 A의 이론을 한국 사회라는 새로운 맥락에 적용하여, 해당 이론이 비서구 사회에서는 어떻게 다르게 작동하거나 혹은 어떤 한계를 드러내는지를 규명, 궁극적으로 이론 자체를 확장하고 보완하고자 한다. 이는 같은 방법을 다른 대상에 적용하는 것을 넘어, 새로운 사례를 통해 이론의 보편성과 특수성을 동시에 검증하는 작업이다.

- **반박 및 대안**

  B 현상에 대해 기존 이론은 그 원인을 주로 경제적 요인에서 찾았지만, 이는 문화적 요인을 간과한 것이다. 본 연구는 경제 결정론적 시각을 비판하고, B 현상의 핵심 동력이 경제가 아닌 문화적 요인에 있음을 주장하며, 기존의 통설에 대한 대안적 설명을 제시하고자 한다. 이러한 접근은 기존 연구에 대한 보다 포괄적이고 설득력 있는 새로운 분석 틀을 구축하는 것이다.

- **종합 및 통합**

  C라는 주제에 대해 서로 대립하는 A와 B라는 두 연구 그룹이 존재해 왔다. 본 연구는 양측의 주장이 가진 장단점을 수용하면서, 두 그룹의 주장이 일견 모순되어 보이지만 실제로는 더 큰 틀에서 상호 보완적일 수 있음을 보이고자 한다. 이를 통해 양측의 이분법적 대립을 넘어, 두 관점을 모두 포괄하는 제3의 통합적 분석 모델을 제시하는 것을 목표로 한다. 이는 논쟁을 종식시키는 것이 아니라, 더 높은 차원에서 논의를 진전시키는 학문적 기여가 될 것이다.

3.4.3 선행 연구 검토의 구조화

논문의 선행 연구 검토(literature review) 챕터를 구성하는 논리적 뼈대를 말한다. 선행 연구 검토는 단순히 연구들을 시대순이나 저자별로 나열하는 것이 아니다. 선행 연구 검토는 자신의 주장을 중심으로 기존 연구들을 재구성하는 창의적인 글쓰기이며, 연구자의 분석적 역량이 논문에서 사실상 처음으로 드러나는 지점이다.

- **나쁜 예**

단순 나열형

> A는 ~라고 말했다. B는 ~라고 주장했다. C는 ~라고 분석했다.

'최악'의 선행 연구 검토 방식이다. 읽었다는 사실 외에는 아무것도 보여주지 못한다. (많은 심사 위원들은 이럴 경우 읽었다는 사실 자체를 의심하기도 한다.) 각 연구가 서로 어떻게 연결되는지, 어떤 논쟁의 지점이 있는지, 그래서 이 연구들 속에서 내 연구가 왜 필요한지에 대한 설득력이 전혀 없다. 독자는 그저 흩어져 있는 정보의 파편들 앞에서 어리둥절할 뿐이며, 연구자는 학문적 대화에 참여하는 주체가 아니라 다른 사람의 말을 옮기는 메신저가 될 뿐이다.

- **좋은 예**

주제 중심 통합형

> OO라는 주제에 대한 연구는 크게 세 가지 흐름으로 나눌 수 있다. 첫 번째 흐름은 ~을 강조하는 연구들이다(A, B, C). 이들의 기여에도 불구하고, ~라는 한계를 가진다. 두 번째 흐름은 ~라는 관점에서 접근하지만(D, E), 이 역시 ~라는 문제를 간과한다. 따라서 본 연구는 이러한 기존 논의의 한계를 극복하기 위해, 제3의 관점인 ~을 통해 이 문제를 재조명하고자 한다.

이 방식은 자신의 주장을 중심으로 기존 연구라는 재료를 요리하는 것과 같다. 먼저, 주요 흐름을 분류하며 필자가 해당 분야의 지형도를 파악하고 있음을 보여준다. 그 후, 각 흐름의 기여를 인정하면서도 한계를 명확히 지적함으로써, 연구의 필요성이 제기될 논리적 공간을 확보한다. 또한, '따라서 본 연구는'이라는 선언을 통해, 앞에서 발견한 빈틈을 정확히 어떻게 메울 것인지 자신의 독창적 기여를 명시적으로 드러낸다. 이 구조는 독자를 자연스럽게 필자의 논리에 따라오게 만들며, 연구의 당위성을 효과적으로 설득한다.

연대기적 발전(chronological-evolutionary) 구조형

> 1980년대에는 A라는 관점이 지배적이었으나, 2000년대 들어 B라는 비판이 제기되었고, 최근에는 C라는 새로운 현상이 나타나며 기존의 두 관점 모두 한계를 보이고 있다. 따라서 본 연구는…

특정 개념이나 논쟁이 시간에 따라 어떻게 발전하고 변화했는지를 추적하는 방식이다. 논의의 진화 과정을 보여줌으로써 현재 시점에서 자신의 연구가 왜 필요한지를 강조하기 위한 효과적 방안이다.

선행 연구 분석의 목표는 흩어져 있는 지식을 모아, 그 위에 나의 연구라는 새로운 그림을 그릴 공간을 확보하는 것이다. 그것은 단순히 통과해야 할 관문이 아니라, 연구의 논리적 토대를 세우고 학문적 권위를 입증하는 과정이다. 연구자는 지식의 단순 전달자가 아니다. 학문적 대화의 주체이다.

배경

Part 02

4장

연구 방법론

연구 방법론(research methodology)에 대한 이해는 연구의 전체 과정을 일관성 있게 설계하고, 결과의 의미를 풍부하게 해석하며, 연구의 한계를 명확히 인식하는 데 필수적이다. 연구 방법론의 근간을 이루는 주요 패러다임(paradigm)들을 살펴보고, 이를 바탕으로 질적 연구와 양적 연구, 그리고 두 가지를 결합한 혼합 연구의 특징과 차이점을 알아본다.

4.1 인문사회과학의 주요 연구 패러다임

연구 패러다임이란 학문 공동체의 구성원들이 공유하는 믿음, 가치, 기술의 총체이다. 말하자면, 세상과 지식을 바라보는 철학적 입장(philosophical stance)으로서, 인문사회과학 전반에 걸쳐 적용되는 연구의 '규칙'이라 할 수 있다.

(1) 세상은 무엇으로 이루어져 있는가? (존재론, ontology)

(2) 우리는 그것을 어떻게 알 수 있는가? (인식론, epistemology)

(3) 어떤 절차를 통해 탐구해야 하는가? (방법론, methodology)

이 세 가지는 하나의 세트처럼 움직여서, 존재론적 믿음이 인식론적 관점을 낳고, 이는 다시 구체적인 방법론의 선택으로 이어진다.

4.1.1 실증주의 (Positivism)

실증주의는 19세기 자연과학의 눈부신 성공에 힘입어 사회과학에 도입된 가장 전통적인 패러다임이다.

- **존재론**

  현실은 연구자의 인식과 무관하게 독립적으로 존재하는 객관적 실체이다(객관적 실재론).

- **인식론**

  연구자는 연구 대상과 완전히 분리되어, 가치중립적인 관찰을 통해 현실의 작동 원리를 발견할 수 있다.

- **방법론**

  가설을 설정하고, 경험적 데이터를 수집하여 통계적으로 검증함으로써 보편적인 법칙과 인과관계를 규명한다. (예: 실험, 설문조사)

- **논문 예시**

  「소셜 미디어 이용 시간이 청소년의 우울감에 미치는 영향에 관한 양적 연구: 전국 1,000명 대상 설문조사를 중심으로」

4.1.2 후기 실증주의 (Post-positivism)

후기 실증주의는 실증주의의 엄격한 객관성에 대한 비판에서 출발했지만, 여전히 과학적 접근의 중요성을 인정하는 수정된 패러다임이다.

- **존재론**

  객관적 현실은 존재하지만, 인간의 인식은 완벽할 수 없으므로 우리는 그것을 완벽하게 파악할 수 없다(비판적 실재론).

- **인식론**

  완벽한 객관성은 불가능하며, 연구자의 가치나 배경이 연구에 영향을 미칠 수 있음을 인정한다. 따라서 실증주의처럼 진리를 증명하는 것이 아니라, 칼 포퍼(Karl Popper)가 말한 반증 가능성(falsifiability)을 과학의 중요한 기준으로 삼는다. 즉, 반증의 시도에도 불구하고 살아남는 잠정적 진리를 추구하는 것이다.[6]

- **방법론**

  여전히 양적 연구를 선호하지만, 현상을 더 깊이 이해하기 위해 질적 연구의 필요성을 인정하고 보조적으로 활용하는 경우가 많다.

- **논문 예시**

  「소셜 미디어 이용과 청소년 우울감의 상관관계 분석: 자기존중감의 매개효과를 중심으로」[7]

6 칼 포퍼(Karl Popper)는 『과학적 발견의 논리(The Logic of Scientific Discovery)』와 『추측과 반박(Conjectures and Refutations)』에서 과학 이론의 핵심 조건으로 반증 가능성(falsifiability)을 제시한다. 그는 진정한 과학은 어떤 경험적 결과에 의해 틀릴 수 있어야 하며, 마르크스주의나 프로이트의 정신분석처럼 모든 현상을 설명해버리는 이론은 반증될 수 없기 때문에 과학이 아니라 이데올로기에 가깝다고 비판했다. 과학은 진리를 확증하는 것이 아니라, 끊임없는 반증 시도 속에서도 살아남는 설명을 통해 잠정적 진리에 접근해 가는 과정이라는 것이 그의 입장이다.

7 이 논문은 객관적 현실(청소년의 우울감, 소셜 미디어 이용 등)이 존재한다고 전제하면서도, 그것을 완벽히 인식할 수 없다는 비판적 실재론에 기반하고 있다. 가설을 세우고 통계

4.1.3 구조주의 (Structuralism)

구조주의는 개별적이고 가시적인 현상 자체보다는, 그 현상들의 관계를 규정하는 심층 구조(structure)를 밝히는 데 초점을 맞추는 패러다임이다.

- **존재론**

  의미는 개별 사물에 내재하는 것이 아니라, 구조 안에서 다른 요소들과의 관계에 의해 생성된다.

- **인식론**

  연구자는 표면적인 현상을 넘어, 그 이면에 숨겨진 심층 구조와 규칙성을 과학적으로 분석할 수 있다.

- **방법론**

  텍스트나 문화 현상을 구성하는 기본 단위들을 찾고, 그 단위들이 어떻게 이항대립(binary opposition, 예: 선·악, 남성·여성, 문명·자연)과 같은 관계로 묶여 전체 체계를 형성하는지 분석한다.

- **논문 예시**

  「인스타그램 #맛집 포스팅에 나타난 음식 이미지의 기호학적 분석: '허상/실체'의 이항대립을 중심으로」[8]

분석을 통해 변수 간의 관계를 검증하지만, 그 결과는 절대적인 진리라기보다 반증 가능성을 견딘 잠정적 설명으로 간주된다. 양적 방법을 중심으로 하지만, 연구자의 해석이나 맥락적 이해도 일정 부분 포함된다는 점에서 후기 실증주의적 성격을 가진다.

8 이 논문은 표면적인 콘텐츠(음식 이미지) 자체보다, 그 이미지들이 내포한 의미 체계와 관계 구조에 주목한다는 점에서 구조주의적이다. 해시태그와 이미지의 조합은 단순한 표현이 아니라, '허상/실체'와 같은 이항대립을 통해 문화적 메시지를 생성하는 기호로 작동하며, 이는 구조주의가 말하는 심층 구조의 일부로 해석된다. 텍스트나 시각 기호의 반복적 규칙성과 의미 생성 방식을 분석한다는 점에서 구조주의 방법론에 부합한다.

4.1.4 해석주의와 구성주의 (Interpretivism & Constructivism)

해석주의와 구성주의는 인간 행위의 주관적인 의미를 이해하는 데 초점을 맞추는 패러다임이다. 둘은 종종 혼용되기도 하지만, 그 뿌리에는 약간의 차이가 있다. 해석주의는 현상에 대한 참여자 개인의 주관적 의미 부여와 해석 과정을 이해하는 데 집중하는 반면, 구성주의는 우리가 진리라고 믿는 지식과 현실이 어떻게 특정 사회적, 역사적 맥락 속에서 '구성'되고 만들어지는지 그 사회적 메커니즘에 더 주목한다. 그럼에도 객관적 실체는 없으며, 현실은 주관적 해석과 사회적 상호작용을 통해 구성된다는 핵심 가정을 두 패러다임은 공유한다.

- **존재론**

  현실은 객관적으로 존재하는 것이 아니라, 사회적, 문화적 맥락에 따라 다양하게 구성된다(상대주의적 실재론).
- **인식론**

  지식은 연구자와 연구 참여자 간의 상호작용을 통해 함께 구성된다. 연구자는 제3자가 아닌, 현상 속으로 들어가 그 의미를 해석하는 역할을 한다.
- **방법론**

  참여자들의 목소리를 직접 듣고 그들의 세계를 이해하기 위한 연구 방법을 주로 사용한다. (예: 심층 인터뷰, 참여 관찰, 사례 연구)
- **논문 예시**

  「인스타그래머블한 삶의 재현 과정에 대한 심층 인터뷰 연구: 20대 여성의 경험을 중심으로」

4.1.5 비판 이론 (Critical Theory)

비판 이론은 20세기 초 프랑크푸르트 학파(Frankfurt School)[9]의 학자들에게서 비롯된 사상적 흐름으로, 사회 현상을 단순히 설명하고 이해하는 것을 넘어, 그 이면에 숨겨진 권력 관계, 불평등, 억압의 구조를 폭로하고 사회 변화를 추구하는 데 목표를 두는 패러다임이다.[10]

- **존재론**

  현실은 객관적으로 주어진 것이 아니라, 권력 투쟁의 장이며 역사적, 사회적 힘에 의해 형성된다(역사적 실재론).

- **인식론**

  모든 지식은 가치와 권력으로부터 자유로울 수 없다. 연구는 가치중립적일 수 없으며, 사회 정의와 변화라는 명확한 가치를 지향해야 한다.

- **방법론**

  특정 방법론에 얽매이지 않고, 권력 구조를 비판하고 변화를 모색하는 데 도움이 되는 모든 방법을 활용한다. (예: 담론 분석, 페미니즘 연구)

9 프랑크푸르트학파(Frankfurt School)는 1920~30년대 독일의 사회연구소(Institut für Sozialforschung)를 중심으로 형성된 비판적 지식인 집단으로, 마르크스주의를 계승하면서도 경제결정론을 비판하고 문화, 이데올로기, 주체성의 문제를 중시하였다. 호르크하이머, 아도르노, 마르쿠제, 벤야민 등의 학자들이 대표적이며, 이들은 계몽의 이성조차 억압의 도구가 될 수 있다는 통찰을 바탕으로 자본주의 사회의 지배 이데올로기와 대중문화의 기만성을 분석하고, 이론을 통해 사회 비판과 해방의 가능성을 모색하였다.

10 학문은 사회 변화를 추구할 수 있을 뿐만 아니라, 필요에 따라 그래야만 할 때도 있다. 특히 인간과 사회를 다루는 분야에서는, 현실에 대한 인식은 곧 실천의 출발점이 되며, 변화 없는 설명은 불완전한 이해에 머무를 수 있다. 따라서 학문은 변화 자체를 학문의 목표로 삼아도 정당할 수 있으며, 그것이 곧 비판 이론, 페미니즘, 탈식민 연구, 해방적 교육학 등 다양한 현대 학문 패러다임의 기반이 되는 것이다.

• **논문 예시**

「소셜 미디어 플랫폼의 추천 알고리즘이 소수자 혐오를 증폭시키는 방식에 대한 비판적 담론 분석」[11]

이후 페미니즘 이론, 탈식민주의, 포스트모더니즘, 실용주의, 해방적 연구 패러다임 등이 비판 이론의 영향을 받아 등장했고, 고유한 문제의식과 방법론을 지닌 독립적 패러다임으로 발전해갔다. 이들은 억압 구조와 지식 권력에 대한 비판이라는 공통 기반을 공유하면서도, 각각 젠더, 식민성, 정체성, 실용성, 실천성에 초점을 맞추며 비판 이론의 철학을 확장하고 변형해온 흐름으로 이해할 수 있다.

연구자에게 있어 연구 패러다임에 대한 이해는 연구의 과정을 설계하고 해석하는 데 필요한 철학을 세우는 작업이다. 이를 모른 채 주제를 설정하거나 방법을 택하면, 연구는 방향성을 잃고 기계적인 절차에 머물기 쉽다. 자신의 질문에 적합한 이론적 기반을 구축하고, 일관된 논리와 해석력을 갖춘 연구로 나아가기 위한 인식의 틀인 것이다.

11 이 논문은 소셜 미디어 알고리즘이라는 기술적 구조가 어떻게 소수자 혐오를 재생산하고 정당화하는지 비판적으로 분석한다는 점에서 비판 이론의 핵심에 부합한다. 표면상 중립적으로 보이는 시스템 뒤에 숨겨진 권력 작동 방식을 드러내고, 사회적 불평등을 고착화하는 구조를 폭로하며, 궁극적으로는 사회적 변화를 지향한다는 점에서 비판 이론의 존재론, 인식론, 방법론적 입장을 반영하고 있다.

4.2 질적 연구

앞서 본 해석주의, 구성주의, 비판 이론 등은 사회 현상을 숫자로 환원할 수 없는, 의미와 맥락의 총체로 바라본다. 질적 연구(qualitative research)는 이러한 철학적 입장에 기반한 연구 방법론으로서, 현상의 수치적 측면보다 이면에 담긴 참여자들의 생생한 경험, 생각, 사회적 과정을 이해하고자 할 때 사용된다. "왜 이런 현상이 나타나는가?", "이 현상은 어떤 과정을 통해 전개되는가?"와 같은 질문에 답을 찾는 데 효과적이다.

4.2.1 현장 기반 질적 연구

질적 연구는 하나의 통일된 방법이 아니라, 다양한 철학적 배경과 분석 전략을 가진 접근법들의 묶음이다. 연구자는 자신의 연구 질문과 목적에 따라 가장 적합한 접근법을 선택하고 활용해야 한다. 먼저 현장 기반 질적 연구를 사례 연구, 현상학, 근거이론으로 나누어 알아보자.

(1) 사례 연구(case study): 하나의 구체적인 사례를 깊이 있게 들여다보는 연구[12]

- 무엇을 하려는 건가?
  - 이 특정한 사례는 왜 이런 식으로 작동할까?
  - 예를 들어, 어느 초등학교가 혁신교육으로 성과를 냈다면, 그 학교를 집중적으로 연구해서 어떤 배경, 맥락, 활동이 있었는지를

12 사례 연구는 단일 사례(single case)뿐 아니라, 복수 사례(multiple case), 내포 사례(embedded case study) 등의 유형이 있으며, 연구 목적과 분석 범위에 따라 선택된다. 복수 사례는 서로 다른 사례 간 비교를 말하고, 내포 사례는 하나의 사례 안에 있는 하위 단위(sub-unit)를 분석하는 것이다.

파악한다.

- 왜 중요한가?
  - 복잡한 사회현상은 실제 사례를 통해 더 잘 이해할 수 있다.
  - 다른 곳에도 적용 가능한 교훈을 얻을 수 있다.
- 논문 제목 예시
  - 「자유학기제 운영 사례 분석: ○○중학교를 중심으로」
  - 「조직문화 변화의 동인과 전개: A기업 사례 연구」
  - 「지방 도시 재생 정책의 실행과정 분석: ○○시 사례를 중심으로」

(2) **현상학 (phenomenology): 특정 경험을 어떻게 느끼고 해석하는지를 탐구하는 연구**

- 무엇을 하려는 건가?
  - 이런 경험을 한 사람들은 그것을 어떻게 느꼈을까?"
  - 예를 들어, 암 환자들이 진단을 받았을 때 느낀 감정, 교사가 코로나19 시기에 수업을 한 경험 등을 깊이 있게 듣고 분석한다.
- 왜 중요한가?
  - 겉으로 드러나지 않는 내면의 의미, 감정, 본질을 이해하려는 것이 목적이다.
- 논문 제목 예시
  - 「암 진단 경험의 본질에 대한 현상학적 연구」
  - 「다문화 가정 청소년의 학교 적응 경험에 대한 현상학적 탐색」
  - 「코로나19 상황에서 자영업자의 정서적 소진 경험: 현상학적 접근」

(3) 근거이론 (grounded theory): 코딩을 통한 자료 분석, 범주를 설정 및 그 관계를 이론적으로 구성하는 연구 방법[13]

- 무엇을 하려는 건가?
  - 특정 현상이 생기는 구조나 과정을 설명할 수 있는 이론을 만든다.
  - 처음부터 정해진 이론 없이, 인터뷰나 관찰을 통해 나온 데이터를 분석하여 이론을 밑바닥부터 세운다.

13 질적 연구에서 말하는 코딩은 컴퓨터 프로그래밍과는 다른 개념이다. 그것은 방대한 텍스트 데이터를 체계적으로 분석하기 위해, 특정 구절이나 문단에 이름표(label)를 붙이고 분류하는 과정을 말한다. 이해를 위해, 어질러진 책상을 정리하는 과정에 빗대어 코딩의 유형을 설명해보겠다.

- 개방 코딩(open coding): 책상 위 물건들에 각각 이름표를 붙이는 단계이다. 데이터의 중요한 구절마다 개념적인 이름표를 붙이는 초기 과정이다.
- 축 코딩(axial coding): 이름표가 붙은 물건들을 비슷한 것끼리(필기구, 책) 모으는 단계이다. 개방 코딩으로 만들어진 많은 이름표들을 비슷한 것끼리 묶어 더 큰 상위 범주(category)로 발전시키고, 각 범주 간의 관계를 탐색하는 과정이다.
- 선택 코딩(selective coding): 정리된 서랍들을 보며 "아, 이 책상은 시험공부 중인 학생의 공간이구나!" 하고 핵심 이야기를 찾아내는 단계이다. 여러 범주들 중 가장 핵심적인 중심 범주를 선택하고, 다른 범주들과 체계적으로 연결하여 전체 현상을 설명하는 하나의 이론으로 발전시키는 최종 과정이다.

코딩은 질적 분석의 핵심 기술이긴 하지만, 이를 모른다고 해서 연구를 포기해야 하는 이유가 되지는 않는다. 둘러보면 익힐 수 있는 방법이 꽤나 있다. 대학 도서관 등에서 제공하는 질적 연구 방법론 워크숍에 참여해도 되고, 역시 가장 쉬운 방법으로 유튜브에서 '질적 연구 코딩', '근거이론 코딩' 등의 키워드로 검색하면 관련 동영상 강좌를 어렵지 않게 찾을 수 있다. 질적 연구 방법론을 다루는 국내외의 다양한 입문 서적(예: Strauss와 Corbin의 저서)을 참고하는 것도 도움이 될 것이다. 물론 코딩이 필요한 연구의 경우에 국한된 얘기이다. 코딩을 모르고도 좋은 논문을 발표하는 인문사회 분야의 연구자는 넘쳐나니 말이다.

- 왜 중요한가?
  - 기존 이론이 부족하거나 없는 새롭고 복잡한 주제를 다룰 때 유용하다.
  - 연구자가 현실 기반의 살아 있는 이론을 만들 수 있다.
- 논문 제목 예시[14]
  - 「온라인 팬덤의 조직화 과정에 대한 근거이론적 접근」
  - 「자살 시도 이후의 회복 과정에 대한 근거이론 연구」
  - 「청년 창업가의 실패 극복 경험과 그 구조: 근거이론에 기반한 분석」

4.2.2 데이터 수집 방법

연구자가 직접 현장으로 들어가 데이터를 수집하는 대표적 방법으로는 심층 인터뷰와 참여관찰이 있다.

(1) **심층 인터뷰** (in-depth interview)

심층 인터뷰는, 단순 문답의 차원이 아니라, 연구자가 특정한 목적을 가지고 참여자와의 깊이 있는 대화를 통해, 그들의 경험, 생각, 감정에 대한 풍부하고 상세한 이야기를 이끌어내는 과정이다.

14 연구 방법론의 명칭을 논문 제목에 반드시 포함해야 하는 것은 아니다. 다만 학위논문의 경우, 연구자의 방법론적 선택을 명확히 제시하고 심사위원에게 연구 설계를 투명하게 전달하기 위해 "사례 연구", "현상학적 연구", "근거이론 연구"와 같은 표현을 제목에 포함하는 경우가 빈번하며, (지도교수의 스타일에 따라) 사실상 권장되기도 한다. 반면, 학술지 논문에서는 독자층이나 저널의 성격에 따라 방법명을 생략하고 주제나 결과 중심으로 제목을 구성하는 경우가 많으며, 이 경우 방법론은 초록이나 본문에서 서술하는 것이 관행이다.

- 목적 및 장단점
  - 참여자의 관점에서 세상을 이해하고, 설문조사만으로는 알 수 없는 개인의 주관적 경험과 의미를 심층적으로 탐색하는 데 목적이 있다.
  - 장점: 개인의 내밀하고 복합적인 경험을 깊이 있게 파악하는 데 매우 적합하다.
  - 단점: 연구자의 면담 기술과 참여자와의 신뢰 형성 능력에 따라 데이터의 질이 크게 좌우되며, 소수의 사례로 일반화하기 어렵다는 한계가 있다.
- 인터뷰 유형
  - 반구조화 인터뷰(semi-structured interview)

    사전에 반드시 물어야 할 핵심 질문 목록(인터뷰 가이드)을 준비하되, 정해진 순서나 문구에 얽매이지 않고 대화의 흐름에 따라 질문을 추가하거나 순서를 바꾸는 유연한 방식이다. 대부분의 질적 연구에서 사용된다.
  - 비구조화 인터뷰(unstructured interview)

    정해진 질문 없이, 참여자가 자유롭게 자신의 이야기를 풀어내도록 하는 방식이다. 탐색적 연구 초기 단계에 주로 사용된다.
- 주의사항

  ① 유도 질문(Leading Question) 피하기
    - "~라고 생각하지 않으세요?"와 같이 연구자가 원하는 답을 암시하는 질문은 피해야 한다.
    - 대신 "~에 대해 어떻게 생각하세요?" 또는 "그때 어떤 기분이 들었는지 말씀해주시겠어요?"와 같이 참여자의 생각을 있는 그대로 이끌어내는 개방형 질문(open-ended question)을 사용해야 한다.

② 연구자의 선입견 경계

- 인터뷰 과정에서 가치관이나 편견이 개입되지 않도록 하고, 참여자의 말을 판단하지 않고 있는 그대로 수용한다.

(2) **참여 관찰** (participant observation)

연구자가 특정 집단이나 공동체의 일원으로 직접 참여하여, 그들의 일상적인 삶과 문화를 장기간에 걸쳐 관찰하고 기록하는 연구 방법이다. 대상 속에서 그들의 눈으로 세상을 보는 가장 직접적인 방법론이라고 할 수 있다.

- 목적 및 장단점
  - 특정 문화나 사회 집단의 내부자적 관점(emic perspective)을 획득하는 것이 목적이다.[15]
  - 장점: 인터뷰에서 참여자들이 말로 표현하지 않거나 스스로 인식하지 못하는 암묵적 규칙, 무의식적 행동, 집단 내 미묘한 상호작용을 자연스러운 맥락에서 포착할 수 있다.
  - 단점: 연구에 많은 시간이 소요되며, 연구자의 존재가 현장에 영향을 미칠 수 있고, 복잡한 윤리적 문제가 발생할 가능성이 높다.
- 연구자의 역할

  참여 수준에 따라 다양하며, 하나의 스펙트럼으로 이해할 수 있다.

  - 완전한 관찰자 (complete observer)

    연구자가 전혀 개입하지 않고 외부에서만 관찰. (예: 온라인 커뮤니티

15 대비되는 개념으로, 외부자적 관점(etic perspective)은 연구자가 외부자의 입장에서 이론적 틀이나 비교 기준을 바탕으로 현상을 해석하려는 접근 방식이다.

를 관찰만 하고 전혀 댓글을 달지 않음)

- 관찰자로서의 참여자 (observer as participant)

  연구자의 주된 역할은 관찰이지만, 약간의 참여를 통해 참여자들과 소통. (예: 수업을 참관하며 간혹 질문하거나 의견을 제시함)

- 참여자로서의 관찰자 (participant as observer)[16]

  연구자가 집단의 일원으로 참여하면서 관찰하며, 연구 목적을 밝힘. (예: 마을 축제에 자원봉사자로 참여하면서 연구 목적을 알리고 주민들과 교류함)

- 완전한 참여자 (complete participant)

  연구자는 집단의 일원으로 완전히 동화되어 연구 목적이 은폐되기도 함. (예: 잠입취재 형태로 회사 직원으로 근무하면서 연구를 진행함)

• 핵심 과정

- 참여 관찰의 성패는 얼마나 충실하게 현장 노트(field note)를 작성하느냐에 달려 있다.
- 현장 노트에는 관찰한 사실(장소, 인물, 대화, 행동 등)에 대한 구체적 묘사와, 그에 대한 연구자의 해석, 추가적인 질문 등을 분리하여 상세하게 기록해야 한다.

16 participant as observer, observer as participant는 직역하면 각각 '관찰자로서의 참여자', '참여자로서의 관찰자'이지만, 실제 질적 연구 방법론 분야에서는 연구자가 수행하는 주된 역할(참여 중심 또는 관찰 중심)을 더 명확히 드러내기 위해 관용적으로 그 번역을 서로 바꾸어 사용하고 있다. 즉, participant as observer는 참여가 주된 역할이고 관찰이 보조적인 경우(참여자로서의 관찰자)를 의미하며, observer as participant는 관찰이 주된 역할이고 참여가 보조적인 경우(관찰자로서의 참여자)를 의미한다. 본서도 관행을 따라 이 번역을 채택하였다.

- 주의사항
  - 현지인 되기(going native)의 위험

    연구 대상 집단에 지나치게 동화되어 연구자로서의 비판적 거리를 상실하고 객관적인 분석에 실패할 위험을 경계해야 한다.
  - 윤리적 딜레마

    연구 참여자들의 사생활 보호, 익명성 보장 등 복잡한 윤리적 문제에 신중하게 접근해야 한다. 예를 들어, 연구자가 자신의 신분을 완전히 밝히지 않은 상태에서 참여자들이 불법적인 활동이나 개인의 심각한 비밀을 공유했을 때, 이를 어디까지 기록하고 논문에 공개할 것인지, 그리고 연구자로서의 개입은 어디까지 허용되는지에 대한 딜레마는 현장에서 끊임없이 발생한다. 참여자 존중, 피해 최소화, 익명성 보장이라는 윤리적 원칙을 최우선으로 고려해야 하며, 참여자의 정보가 논문에 실릴 경우 발생할 수 있는 부정적 결과를 막기 위한 조치를 강구해야 한다.

4.2.3 신뢰도와 타당도

질적 연구는 참여자의 주관적 경험과 연구자의 해석에 근거하기 때문에, 양적 연구에서 통용되는 신뢰도(reliability)와 타당도(validity)를 동일한 방식으로 적용하기는 어렵다. 그럼에도 결과와 해석의 신뢰 및 정당성을 입증하기 위한 다음과 같은 전략들이 있고, 이는 연구의 질을 평가하는 기준이 된다.

- **삼각검증(triangulation)**

  다양한 자료원, 연구 방법, 이론, 또는 연구자를 활용해 동일 현상을 교차 검증함으로써 해석의 편향 가능성을 줄인다. 인터뷰와 참여관찰을 함께 진행하거나, 두 명 이상의 연구자가 동일 데이터를 독립적으로 분석해 해석의 일관성을 점검하는 것 등이 이에 해당한다.

- **참여자 확인**(member checking)

  연구 결과와 해석을 참여자에게 보여주고, 그들의 동의나 추가 설명을 구한다. 이를 통해 연구자가 참여자의 경험을 오해하거나 과도하게 해석하는 오류를 예방할 수 있다.

- **충실한 기술**(thick description)

  맥락과 세부 사항을 풍부하고 구체적으로 묘사함으로써, 연구 결과가 특정 상황과 맥락에서 어떻게 나타났는지 독자가 명확히 이해하도록 한다. 이는 결과의 전이 가능성(transferability), 즉 다른 맥락에서도 일정 부분 적용될 수 있음을 보여주는 데 기여한다.

- **연구자 성찰**(reflexivity)

  연구자는 자신의 가치관, 배경, 신념이 연구 과정과 결과 해석에 어떻게 영향을 미쳤는지 성찰하고, 이를 투명하게 기술한다. 질적 연구에서 연구자의 위치성은 해석의 불가피한 조건이므로, 자기성찰은 연구의 신뢰성을 높이는 필수적인 요소이다.

- **감사 추적 가능성**(audit trail)

  자료 수집, 해석, 분석 등 연구의 주요 결정 과정과 절차를 체계적으로 기록하여 외부인이 재구성하거나 검토할 수 있도록 한다. 투명한 기록은 연구의 신뢰성과 검증 가능성을 높인다.

현장 기반 질적 연구는 참여자들의 생생한 경험과 사회적 맥락을 깊이 있게 이해할 수 있는 유용한 도구로서, 사회학, 교육학, 심리학 등 사회과학 분야에서 활발히 사용되고 있다. 영문학, 어문학, 철학과 같은 인문학 분야의 연구자들은 아직까지는 텍스트와 문헌을 분석 대상으로 삼고 있는 경우가 많다. 하지만 최근 들어 이 분야에서도 질적 연구 방법을 보다 창의적으로 활용하여 새로운 연구 가능성을 열어가고 있다. 특히 대중문화, 미디어, 화폐철학 연구 분야에서 인터뷰나 참여관찰 등 현장 기반 방법론을 통해 현실 속에서 살아 숨 쉬는 사람들의 이야기와 실제 맥락을 탐구하는 사례가 증가하는 추세다. 질적 연구는 계속해서 학문 간 경계를 넘나들며 다양한 분야의 연구자들에게 풍부한 영감을 제공하면서, 더욱 다채로운 형태로 발전할 것으로 기대된다.

4.3 양적 연구

질적 연구가 현상의 의미를 파고드는 탐구라면, 양적 연구(quantitative research)는 사회 현상을 측정 가능한 데이터로 전환하여 그 속에서 패턴, 경향, 및 인과 관계를 과학적으로 규명하는 접근법이다. 주로 실증주의와 후기 실증주의 패러다임에 뿌리를 두고 있으며, "A가 B에 얼마나 영향을 미치는가?" 혹은 "두 집단 간에 통계적으로 의미 있는 차이가 있는가?"와 같은 질문에 답하는 데 효과적이다. 그 흐름도는 다음과 같으며 이어서 살펴보겠다.

양적 연구의 흐름

조작화　　　　데이터 수집 (설문·실험)
통계 분석

[추상적 개념] ⟶ [측정 가능 변수] ⟶ [결과 및 일반화]

4.3.1 조작화

양적 연구는 조작화(operationalization)로부터 시작된다. 여기서 '조작'이라 함은 데이터를 왜곡한다는 의미의 조작(manipulation)이 아니라, 추상적 개념을 구체적으로 측정 가능한 변수(variable)로 변환하여 경험적으로 관찰할 수 있도록 하는 것을 말한다. 가령 '애국심'을 예로 든다면, 이는 분명 측정하기 어려운 추상적 개념이다. 하지만 이 측정을 위해 연구자가 "국경일에 국기를 게양하는가?", "지난 1년간 국산품을 몇 번 구매했는가?", "애국심에 대한 설문 문항에 몇 점으로 답했는가?" 등과 같이 구체적으로 관찰하고 측정할 수 있는 지표로 바꾸어 물어본다면, 이것이 바로 조작화가 되는 것이다.

전공별 조작화의 예시는 다음과 같다.

- **화폐철학/암호화폐**

  탈중앙화 시스템에 대한 신뢰라는 추상적 개념을 측정
  - 비수탁형 지갑(non-custodial wallet) 사용 빈도
  - 암호화폐 포트폴리오의 분산 수준
  - 탈중앙화의 가치에 대한 리커트 척도 동의 수준
- **언어학**

  언어적 공손함 연구
  - 대화에서 사용된 경어체의 수
  - 간접 화행의 사용 빈도
  - 화자의 공손함에 대한 자가 평점
- **대중문화**

  팬덤의 몰입도 측정하기 위해

- 주당 팬 활동에 사용하는 시간
- 굿즈(goods) 구매에 지출하는 비용
- 관련 소셜 미디어 포스팅 횟수

- **영문학** (디지털 인문학)

  작품의 주제 의식 변화 연구

  - 시대별 특정 키워드(예: marriage, money, freedom)의 등장 빈도를 코퍼스 분석[17]
  - 작품 내 주제 관련 은유의 사용 빈도
  - 작품 내 서사 구조에서 주제어의 중심성 계량화

4.3.2 데이터 수집: 설문조사와 실험

(1) 설문조사 (survey research)

질문지를 사용하여 다수의 응답자로부터 데이터를 수집하는 가장 대표적인 양적 연구 방법이다. 설문조사의 핵심은 표본(sample)으로부터 모집단(population)의 특성을 통계적으로 추론하는 데 있다.[18]

17 코퍼스 분석(corpus analysis)이란 방대한 양의 텍스트 자료(코퍼스, corpus)를 디지털 도구를 활용하여 계량적·통계적으로 분석하는 연구 방법이다. 주로 특정 키워드의 빈도나 사용 맥락을 분석하여 텍스트에 나타난 주제나 의미의 변화 양상을 객관적으로 파악하는 데 활용된다. AntConc, Voyant Tools와 같은 프로그램을 통해 특정 시대나 작가의 작품에 나타난 어휘 빈도나 패턴을 시각화하는 것이 대표적인 사례이다.

18 모집단(population): 연구자가 관심을 갖고 있는 전체 대상 집단. 예를 들어, "한국의 대학생"을 모집단으로 설정한 경우, 실제로 한국에 거주하는 모든 대학생이 이론적 연구 대상이 된다.

표본(sample): 모집단 전체를 조사하는 것이 현실적으로 불가능할 때, 그 특성을 대표할 수 있도록 선별된 일부 집단을 말한다. 표본은 통계적 방법에 따라 추출되며, 이를 통해 모집단의 특성을 일반화할 수 있다.

- 설문지 설계

  좋은 설문지는 연구의 성패를 좌우한다. 문항은 명확하고 이해하기 쉬워야 하며, 하나의 질문에 두 가지 이상을 묻는 이중 질문(double-barreled question)을 피해야 한다. 태도나 인식을 측정할 때는 '전혀 그렇지 않다'부터 '매우 그렇다'까지 5점이나 7점으로 응답하는 리커트 척도(Likert scale)[19]가 널리 사용된다.

- 응답자 모집과 표본 추출

  연구 대상이 되는 전체 집단(모집단)의 특성을 잘 대표할 수 있는 일부(표본)를 선정하는 것이 중요하다. 대학생을 대상으로 한다면 교내 게시판이나 수업을 통해 모집할 수 있고, 더 넓은 대중을 대상으로 한다면 전문 리서치 회사의 온라인 패널을 이용하거나 소셜 미디어를 통해 참여자를 모집하는 방법을 고려할 수 있다.

- 온라인 도구 활용

  최근에는 구글 폼(Google Forms)이나 네이버 폼, 서베이몽키(SurveyMonkey)와 같은 온라인 도구를 활용하여 쉽게 설문지를 만들고 배포하며, 결과를 자동으로 수집 및 분석할 수 있다.

- 장단점

  비교적 적은 비용과 시간으로 대규모 데이터를 수집할 수 있으며, 연구 결과를 전체 모집단으로 일반화(generalization)할 수 있는 가능성이 크지만, 자기보고(self-report) 데이터에 의존하므로 편향(bias)[20]이

19 리커트 척도(Likert scale)는 미국의 사회심리학자 렌시스 리커트(Rensis Likert, 1903–1981)가 「A Technique for the Measurement of Attitudes」라는 논문에서 태도(Attitude)를 수치화해 측정하기 위한 설문 기법으로 처음 제안한 도구이다.

20 응답자가 더 나은 사람으로 보이고 싶어 솔직하지 않게 답하는 사회적 바람직성 편향(social desirability bias)(예: 실제로는 기부를 하지 않으면서 설문에서는 기부를 한다고

발생할 수 있다.

- 예시
  - 화폐철학

    「암호화폐 투자자 500명을 대상으로 한 설문조사: 사운드 머니(sound money)에 대한 철학적 신념이 포트폴리오 분산 전략에 미치는 영향」
  - 언어학

    「한국어 학습자 300명 대상 설문조사: 모바일 메신저에서의 신조어 사용 빈도가 한국어 능력에 대한 자기 효능감에 미치는 영향」
  - 대중문화

    「OTT 플랫폼 구독자 1,000명 대상 설문조사: 콘텐츠 몰아보기(binge-watching) 경험이 콘텐츠 만족도 및 플랫폼 충성도에 미치는 영향 분석」

(2) 실험 (experimental research)

설문조사가 변수들 사이의 상관관계를 보여준다면, 실험은 원인과 결과의 관계를 증명하는 데 초점을 맞춘다. 연구자는 자신이 원인이라고 생각하는 변수(독립변수, independent variable)를 인위적으로 조작(manipulation)하고, 다른 조건은 통제(control)한 상태에서 그 결과(종속변수, dependent variable)가 어떻게 변하는지를 관찰한다.

답하는 경향)이나, 과거의 경험을 정확히 기억하지 못해 발생하는 기억 편향(recall bias)(예: 1년 전의 구체적인 식사 횟수를 정확히 기억하기 어려운 경우) 등 신뢰도의 한계를 가질 수 있다. 비응답 편향(nonresponse bias)도 문제다. 예컨대, 특정 정책에 매우 찬성하거나 반대하는 사람들만 설문에 참여한 경우, 데이터가 왜곡될 수 있다.

- 핵심 요소
  - 실험 집단 (experimental group)

    연구자가 의도한 조작(예: 새로운 교수법, 특정 광고 노출)을 가하는 집단.
  - 통제 집단 (control group)

    아무런 조작을 가하지 않거나, 기존의 상태를 유지하는 집단.[21]
- 장점

  연구자가 직접 다루는 변수 외에 결과에 영향을 미칠 수 있는 다른 외부 요인(외생 변수, 外生變數, extraneous variable)를 통제하여, 순수한 원인과 결과의 관계를 검증할 수 있다.
- 단점

  실험실과 같이 통제된 환경은 현실 세계의 복잡한 상황과 다를 수 있어, 연구 결과의 현실 적용 가능성, 즉 외적 타당도(external validity)가 낮아질 수 있다. 또한, 윤리적인 이유로 인위적인 조작이 불가능한 연구 주제도 많다.[22]

21 여기서 통제란 다른 외부 요인들의 영향을 제어하여, 실험 집단과 비교할 수 있는 명확한 기준선(baseline)을 만든다는 의미이다. 이때 실험의 신뢰성을 높이기 위해, 참여자들을 실험 집단과 통제 집단에 무작위로 배정(random assignment)하는 것이 중요하다. 이는 두 집단 간의 동질성을 사전에 확보하여, 연구 결과의 차이가 오직 실험적 조작 때문에 발생했음을 확신하게 하는 절차이다.

22 인간을 대상으로 하는 실험은 연구 참여자의 권리와 안전을 보호하기 위해, 사전에 소속 기관의 연구윤리심의위원회(Institutional Review Board, IRB)로부터 연구 계획을 승인받아야 한다. 참여자에게 연구 목적과 과정을 충분히 설명하고 자발적인 참여 동의(informed consent)를 얻는 것은 필수적인 윤리적 절차이다. 구체적인 규정은 각 기관의 IRB 가이드라인을 반드시 참고해야 한다.

- 예시
  - 대중문화

    「영화 예고편의 성별 재현 방식(독립변수)이 관람 의도(종속변수)에 미치는 영향에 관한 실험 연구」

    두 집단에게 각각 남성 주인공 버전과 여성 주인공 버전의 예고편을 보여준 뒤 관람 의도를 비교.
  - 언어학

    「새로운 어휘 암기법(독립변수)이 외국어 단어 학습 효과(종속변수)에 미치는 영향」

    실험 집단은 새로운 암기법으로, 통제 집단은 전통적 암기법으로 단어를 외우게 한 뒤 시험 성적을 비교.

이 외에도 양적 연구는 이미 수집된 데이터를 활용하는 이차 자료 분석(secondary data analysis), 빅데이터 분석(big data analytics), 시계열 분석(time series analysis) 등 다양한 방법을 통해 더욱 폭넓게 활용되고 있다. 특히 빅데이터 분석은 소셜 미디어 게시글, 검색어 트렌드, 온라인 소비 행태 등 방대한 데이터를 분석함으로써 기존의 설문조사나 실험적 접근 방식으로는 포착하기 어려운 사회 현상의 미세한 변화와 내재된 패턴을 탐구하는 데 효과적이다.

양적 연구의 궁극적인 목표는 단순한 데이터 분석을 넘어 현실 문제 해결에 기여할 수 있는 응용 가능한 지식을 생산하는 것이다. 이에 따라 연구 결과를 사회 정책 수립, 기업의 전략적 의사결정, 교육 프로그램 설계와 같은 실제적이고 구체적인 문제 상황에 적용 가능한 형태로 제시하는 것이 매우 중요하다. 그러나 양적 연구가 제공하는 객관적이고 일반화 가능한 데이터에도 불구하고, 인간의 감정, 동기, 문화적 맥락 등 복잡하고 미묘한 현실의 다양한 측면을 충분히 반영하지 못할 수 있다는 한계 또한 존재한다. 이럴 때는 양적 연구와 질적 연구의 장점을 결합하여 상호 보완하는 혼합 연구 방법(mixed methods research)을 적극적으로 활용할 필요가 있다(4.4.2 참조).

인문학 연구자들에게 양적 연구 접근법은 다소 낯설게 느껴질 것이다. 하지만 최근 디지털 인문학의 발전과 더불어 언어학, 영문학, 대중문화, 화폐철학 등 다양한 분야에서 코퍼스 분석, 설문 조사, 실험 등의 양적 접근법을 도입해 계량적 분석과 해석의 결합을 시도하는 사례가 점차 증가하고 있다.

4.4 질적 연구 vs 양적 연구

연구자로서 당신은 실질적인 갈림길에 서게 된다. "그래서 내 연구에는 어떤 방법론을 선택해야 하는가?" 원칙은, 연구 방법론의 선택은 연구 질문에 의해 결정된다는 것이다. 특정 방법론에 익숙하거나 선호하기 때문에 선택하는 것이 아니라, 나의 연구 질문이 요구하는 답을 가장 잘 찾아낼 수 있는 도구를 선택해야 한다.

4.4.1 연구 질문의 본질 파악하기

어떤 방법론이 적합한지 판단하기 위해, 다음의 질문들을 스스로에게 던져보자. 그 답이 어느 편에 가까운지에 따라 연구 방향이 결정될 것이다. 비교, 정리 차원에서 앞서 논의된 내용을 합쳐서 표로 정리해보았다.

질문	질적 연구	양적 연구
무엇을 알고 싶은가?	현상 이면의 의미, 맥락, 과정을 깊이 있게 이해. → 왜?, 어떻게?	변수들 사이의 관계, 차이, 효과를 객관적으로 측정하고 일반화. → 얼마나?, 무엇이?
어떤 답을 원하는가?	참여자들의 목소리를 담은 풍부한 이야기와 서사로 답을 구성.	숫자와 통계로 명확한 답을 제시.
연구의 목표는?	잘 알려지지 않은 현상을 탐색하거나, 기존 현상을 재해석.	가설을 세우고, 데이터를 통해 객관적으로 검증.

제3의 길: 혼합 연구 방법

때로는 하나의 방법론만으로는 연구 질문에 온전히 답하기 어려운 경우가 있다. 질적 연구의 깊이와 양적 연구의 넓이를 모두 필요로 할 때, 우리는 두 가지를 전략적으로 결합하는 혼합 연구 방법을 고려할 수 있다. 이는 두 방법론의 단점을 서로 보완하여 연구의 타당성과 설득력을 배가하는 접근법이다. 혼합 연구 설계의 예시는 다음과 같다.

(1) **설명적 순차 설계** (Explanatory Sequential Design)

- 과정

  [1단계: 양적 연구] → [2단계: 질적 연구]

  먼저 양적 연구(예: 설문조사)를 통해 전반적인 경향이나 통계적으로 유의미한 결과를 발견하고, 이어서 질적 연구(예: 심층 인터뷰)를 통해 왜 그런 결과가 나타났는지 그 원인과 과정을 깊이 있게 설명한다.

- 예시

  설문조사를 통해 '특정 정책에 대한 청년층의 지지율이 낮다'는 사실을 발견한 뒤(1단계), 청년들을 심층 인터뷰하여 낮은 지지율의 구체적인 이유와 배경을 파고드는 연구(2단계).

(2) **탐색적 순차 설계** (Exploratory Sequential Design)

- 과정

  [1단계: 질적 연구] → [2단계: 양적 연구]

  먼저 질적 연구(예: 소수 대상 인터뷰)를 통해 아직 잘 알려지지 않은 현상을 탐색하고 핵심적인 개념이나 변수들을 발견한 뒤, 이를 바탕으로 설문지를 개발하여 대규모 표본(양적 연구)에 적용함으로써 결과의 일반화 가능성을 확인한다.

- 예시

  암호화폐 커뮤니티의 소수 투자자들을 인터뷰, 그들의 독특한 투자 결정 요인들을 발견하고(1단계), 이 요인들을 바탕으로 설문지를 만들어 일반 투자자들에게도 이러한 경향이 나타나는지 검증하는 연구(2단계).

혼합 연구는, 초동 연구자의 경우 두 방법을 효과적으로 결합하는 데 있어 복잡한 설계와 해석이 요구되므로, 충분한 훈련과 경험을 거친 후에 선택하는 것이 바람직하다. 연구자의 입장에서는 쉽지 않은 선택이고 방법이지만, 성공적으로 수행될 경우 연구의 깊이와 넓이를 모두 확보하는 결과를 가져올 것이다.

5장

데이터의 이해와 활용

많은 인문학 연구자들이 숫자와 통계에 막연한 거리감을 느끼면서 자신의 연구는 데이터와 무관하다고 생각하곤 한다. 하지만 현대의 학문 환경에서 데이터 리터러시(Data Literacy)는 어느새 외면하기 어려운 능력이 되었다. 제시된 통계가 현실을 제대로 반영하는지, 특정 결과를 유도하기 위해 의도적으로 왜곡되지는 않았는지, 데이터 수집 과정에서 어떤 편향이 개입되었는지 등을 식별해낼 수 있는 능력은, 인문학적 연구의 한 축으로 자리잡았다.

5.1 인문학 연구에 데이터가 왜 필요한가?

5.1.1 주장의 객관적 근거 확보

인문학적 주장이 깊은 사유와 해석에 기반하더라도, 객관적 데이터가 뒷받침될 때 그 설득력은 높아질 수 있다. 예를 들어,

- "1960년대 한국 소설에는 산업화로 인한 소외 현상이 짙게 나타난다"는 주장을 한다고 했을 때,
- 당시 소설에서 '소외', '고독', '도시'와 같은 키워드의 등장 빈도를 계량적으로 분석(코퍼스 분석)하여,
- "1950년대에 비해 1960년대 소설에서는 '소외'라는 단어의 사용 빈도가 300% 증가했다"와 같이 보여주면,
- 연구자의 주관적 인상을 넘어 검증 가능한 객관적 사실로 주장을 강화하는 역할을 할 수 있다.

5.1.2 새로운 연구 질문의 발견

데이터는 우리가 미처 인식하지 못했던 패턴이나 경향성을 드러냄으로써, 기존 질문의 유효성을 점검하거나 연구자의 가설을 보완하는 수준을 넘어, 새로운 연구 질문을 던지기도 한다.

- **영문학/디지털 인문학**
  - 특정 작가의 작품 전체를 텍스트 마이닝(Text Mining) 기법으로 분석하여,[23]
  - 이전 비평가들이 주목하지 않았던 특정 단어의 사용 빈도가 시대에 따라 어떻게 변화했는지 발견,
  - "이러한 언어적 변화는 작가의 사상적 변화와 어떤 관련이 있는가?"

23 텍스트 마이닝은 자연어처리(NLP: Natural Language Processing) 기법을 활용하여 대규모 텍스트 데이터에서 유의미한 패턴, 빈도, 관계를 추출하는 분석 방법이다. 최근 디지털 인문학(Digital Humanities)에서 텍스트 마이닝은 문학, 역사, 철학 등의 분야에 정량적 근거와 새로운 질문을 제공하는 도구로 주목받고 있다.

라는 새로운 질문을 던질 수 있다.

- 예를 들어, 낭만적 사랑을 주로 다루는 작가의 후기 작품에서 '계약', '재산'과 같은 경제적 어휘가 급증하는 패턴이 발견된다면, 작가의 결혼관이 어떻게 변화했는지에 대한 새로운 연구로 이어질 수 있다.

• **화폐철학/암호화폐**
  - 특정 암호화폐 커뮤니티의 소셜 미디어 데이터를 분석하여,
  - '가격 급등기'와 '가격 급락기'에 주로 사용되는 감정 어휘(긍정/부정)의 패턴을 발견,
  - "집단 감정이 시장의 비합리적 과열에 어떻게 기여하는가?"라는 새로운 연구 질문을 탐구할 수 있다.

5.1.3 거시적 패턴과 미시적 해석의 결합

데이터 분석을 통해 얻은 거시적 패턴(macro-level pattern)은 텍스트에 대한 전통적인 미시적이고 심층적인 해석(micro-level interpretation)과 상호 보완적으로 결합될 때, 이전에 보이지 않았던 인문학적 통찰을 얻을 수 있다. 거시적 데이터는 미시적 해석에 통계적 중요성과 보편성을 부여하며, 미시적 해석은 거시적 데이터에 의미와 깊이를 불어넣는다.

• **대중문화**
  - 웹툰의 댓글 데이터를 분석, 독자들이 가장 열광적으로 반응하는 서사적 클리셰(cliché)의 유형과 빈도를 통계적으로 파악한다(거시적 분석).
  - 이를 바탕으로, 독자들이 유독 해당 클리셰에 왜 열광하는지 그 심리적, 문화적 의미를 특정 작품의 구체적인 장면 분석을 통해 파고든다(미시적 해석).

- 언어학
  - 대규모 말뭉치(corpus) 데이터를 분석하여, 특정 시기나 지역에서 자주 사용된 은유적 표현(metaphorical expression)의 유형과 빈도를 통계적으로 파악한다(거시적 분석).
  - 이를 토대로, 해당 은유가 실제 대화나 문학 작품 속에서 어떻게 맥락적으로 쓰이고, 화자가 어떤 사회·문화적 함의를 전달하려 했는지를 개별 사례 분석을 통해 해석한다(미시적 해석).
- 암호화폐
  - 블록체인 데이터와 소셜 미디어 게시글을 분석하여, 특정 암호화폐 가격 변동 시점과 온라인 투자 커뮤니티에서 사용된 감정 표현(sentiment)의 빈도 및 변화 추이를 통계적으로 파악한다(거시적 분석).
  - 이를 바탕으로, 특정 시점의 주요 게시글·댓글을 심층 분석, 투자자들이 왜 특정 가격 구간에서 공포나 탐욕을 극도로 표출했는지 그 심리적·문화적 배경을 해석한다(미시적 해석).
- 철학
  - 디지털 인문학 기법을 활용, 철학 논문·저서의 말뭉치를 분석하여 특정 개념(예: "자유", "정의")의 사용 빈도와 의미 네트워크 변화 양상을 통계적으로 파악한다(거시적 분석).
  - 이를 토대로, 특정 시기(예: 18세기 계몽주의)의 핵심 저작을 선정, 해당 개념이 구체적 철학적 논증 속에서 어떤 의미로 사용되었고, 당시의 사회·정치적 맥락과 어떻게 맞물렸는지를 분석한다(미시적 해석).

5.2 통계의 기초: 비판적으로 읽기

데이터 리터러시는 우리에게 제시되는 숫자의 의미와 그 이면을 볼 줄 아는 것이다. 통계의 기본 개념인 기술 통계를 중심으로, 연구자가 데이터를 비판적으로 읽어내기 위해 알아야 할 것들을 짚어보자.[24]

5.2.1 평균의 함정

데이터의 특성을 하나의 값으로 요약하여 보여주는 것을 '대표값'이라 하는데, 가장 흔히 사용되는 것은 평균(Mean)이다. 그런데 문제는 평균이 때로 현실을 심각하게 왜곡할 수 있다는 것이다.

- **사례**
  - 어떤 회사에 9명의 직원이 있다. 그들은 각각 연봉 3천만 원을 받고, CEO 1명은 10억 원을 받는다.
  - 10명의 평균 연봉은 1억 2,700만 원이다. 회사의 현실을 제대로 보여주는 지표인가? 상식적으로 생각해도 전혀 그렇지 않다.
  - 왜? CEO라는 극단적인 값(outlier) 하나가 전체 평균을 엄청나게 끌어올려, 대다수 직원의 현실과는 동떨어진 결과를 만들어냈기 때문이다.
- **비판적 접근**
  - 따라서 어떤 자료에서 평균값을 마주했을 때는, 그것이 극단적인 값

24 기술 통계(Descriptive Statistics)는 수집된 데이터를 요약·정리하여 그 특성을 한눈에 파악하도록 하는 기법이다. 대표값(평균, 중앙값, 최빈값), 산포도(표준편차, 범위), 빈도·비율, 그리고 표·그래프 등의 시각화 자료가 이에 속한다. 이에 반해, 추론 통계(Inferential Statistics)는 표본 데이터를 바탕으로 모집단 전체에 대한 일반화 및 예측을 하는 것을 말한다. 이를테면 1,000명의 설문 응답을 바탕으로 전체 유권자의 정치 성향을 예측하는 것 등이 이에 해당한다. 인문학적 연구에서도, 특정 텍스트 집단의 단어 사용 패턴을 일반화하거나, 독자 반응이 특정 변수에 따라 유의미하게 달라지는지 등을 검증할 때 사용된다. 한 마디로, 기술 통계는 "있는 그대로의 모습", 추론 통계는 "데이터를 바탕으로 무엇을 말할 수 있는가"에 집중하는 것이라고 할 수 있겠다.

에 의해 왜곡되지는 않았는지 항상 질문해야 한다.

- 이럴 때, 평균의 함정을 보완해주는 유용한 지표로 중앙값(Median)과 최빈값(Mode)이 있다.
- 중앙값은 주어진 수치 데이터를 크기순으로 배열했을 때, 정확히 가운데 위치한 값이다. 데이터의 개수가 짝수일 경우에는, 중앙에 위치한 두 값의 평균을 계산하여 중앙값으로 삼는다. 위의 사례를 다시 보면, 연봉 데이터를 오름차순으로 정렬했을 때 다섯 번째와 여섯 번째 값은 모두 3,000만 원이므로, 중앙값은 (3,000만 + 3,000만) ÷ 2 = 3,000만 원이 된다. 이는 집단의 다수를 차지하는 일반 구성원의 현실을 평균보다 더 정확하게 반영한다는 점에서, 극단값에 민감한 평균의 한계를 보완해준다.
- 최빈값은 주어진 자료에서 가장 자주 출현하는 값을 말한다. 앞선 연봉 사례에서 3,000만 원이 9번 반복되고, 10억 원은 1번 등장하므로, 이 집단의 최빈값 역시 3,000만 원이 된다.[25] 이는 특히 집단 내에서 어떤 값이 '가장 일반적인 상태'를 대표하는지를 파악하는 데 유용한 지표로서, '가장 인기 있는 전공', '선호하는 브랜드'와 같이 숫자로 표현되지 않는 명목형 데이터(Categorical Data)의 특성을 파악할 때 요긴하다.

5.2.2 비율의 착시

비율(Percentage)은 전체에서 차지하는 비중을 보여준다. 비율은 데이터를

25 이 경우 중앙값과 최빈값이 같은데, 이는 전체 데이터의 대다수가 동일한 값을 공유하고, 극단적인 값이 소수에 불과할 때 발생하는 전형적인 사례이다. 평균은 한 개의 극단값(10억 원)에 의해 왜곡되지만, 중앙값과 최빈값은 3,000만 원으로 일치하며, 이는 다수 구성원의 현실을 가장 충실히 반영한다는 점에서 의미가 있다.

직관적으로 이해하기 쉽게 만들지만, 종종 '전체 규모'의 맥락을 숨겨 현실을 오도할 위험이 있다.

- **사례 1** (일상)
  - "A 제품 사용자 만족도 조사 결과, 무려 80%가 만족했다"는 광고가 있다.
  - 일견 강력해 보이는 수치이기는 하다. 하지만 만약 전체 조사 대상이 단 5명이었다면?
  - 5명 중 4명이 만족했다는 이야기는 '80%'라는 숫자만큼의 신뢰도를 주지 못한다. 조사 대상이 5,000명이었다면 의미는 완전히 달라지게 될 것이다.
- **사례 2** (사회/의학)
  - "B 신약, 특정 질병의 치사율을 50% 감소시키다!"라는 헤드라인이 있다.
  - 역시 엄청난 의학적 발전을 이룬 것처럼 보인다. 하지만 만약 해당 질병의 원래 치사율이 100만 명 중 2명(0.0002%)이었고, 신약 복용 후 100만 명 중 1명(0.0001%)으로 줄은 것이라면?
  - 비율상으로는 50% 감소가 맞지만, 실제 감소한 인원은 100만 명 중 1명에 불과하다. 이처럼 비율은 절대적인 변화의 크기를 가릴 수 있다.
- **비판적 접근**

  퍼센트가 제시될 때는 항상 "전체 표본의 크기(N)가 얼마인가?", "비교하는 기준값(base value)은 무엇인가?"와 같은 질문이 필요하다. 전체 규모가 너무 작거나, 비교 기준 자체가 매우 작은 값이라면, 제시된 비율은 통계적으로 의미 없는 수치이거나 실제 중요성을 과장한 것일 수 있다.

5.2.3 그래프와 표 비판적으로 읽기

그래프와 표는 데이터를 시각적으로 명확하게 보여주지만, 동시에 착시를 일으키기 쉬운 도구이기도 하다.

- **Y축의 조작**

  그래프의 Y축(세로축)이 0이 아닌 수치에서 시작되거나 간격이 고르지 않게 설정되면, 실제보다 변화 폭이 커 보이게 할 수 있다. 이는 시각적 과장을 유도하여 독자의 오해를 초래한다.

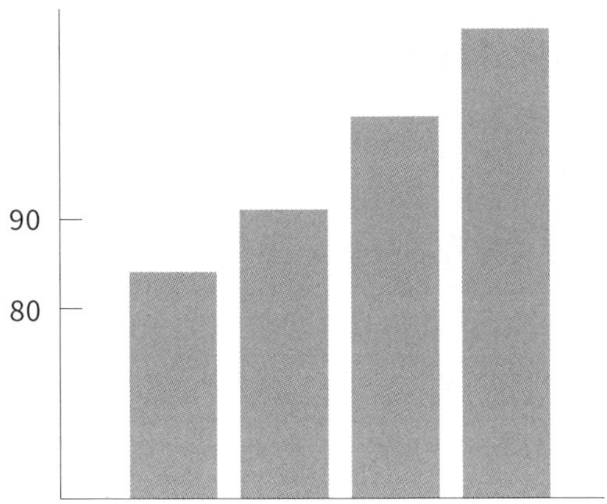

Y축의 조작

- **체리 피킹(Cherry-picking)**[26]

  전체 데이터를 맥락 없이 일부 구간만 선택하여 제시함으로써, 특정 주장에 유리한 인상을 주는 방식이다. 예컨대, 어떤 정책 시행 직후 잠시

26 이 말은 원래 체리를 수확할 때 가장 탐스럽고 잘 익은 것만 골라 따는 행위에서 유래한 표현이다. 자신에게 유리한 것만 선별하고 불리한 것은 배제하는 행위를 비유적으로 표현한 것으로, 논리적 오류나 통계적 왜곡을 지적할 때 흔히 사용하는 말이다.

상승한 지지율만을 그래프에 보여주고, 시행 전후의 하락세를 생략하는 경우가 이에 해당한다.

데이터를 마주했을 때는, 그것이 어떻게 수집되고, 어떤 기준에 의해 제시되었는지를 의심하고 질문해야 한다. 통계는 세상을 객관적으로 보여주는 거울이 되어야 하지만, 특정 의도를 가지고 세상을 재현하는 불순한 도구가 될 수도 있음을 기억해야 한다. 데이터 리터러시의 시작이다.

5.3 통계 분석의 기초

한정된 지면에 모두를 담을 수 없고, 이 책이 전문으로 할 수 있는 분야도 아니니, 통계 분석에 관해서는, 다른 논문을 읽기 위한 (필자 수준에서) 최소한의 내용만 보고 넘어가도록 하겠다. (통계를 접하지 않은 인문학 연구자들이) 낯선 용어를 처음부터 완벽히 이해하기는 어려운 일이다. 하지만 조금만 익혀두어도 연구의 지평이 크게 확장되는 것을 체감할 것이다.

5.3.1 기본 개념

(1) 가설 (Hypothesis)

통계 분석은 법정에서의 재판 과정과 유사한 논리 구조를 따른다. 재판에서 '무죄 추정의 원칙'이 있듯, 통계에서는 '차이나 효과가 없다'는 것을 기본값으로 설정하고 시작한다.

- 귀무가설 (Null Hypothesis, H_0): '영(null)으로 돌아간다(歸無)'는 이름처럼, "아무런 차이나 효과가 없다"고 설정하는 기본 가정이다. (예: "새

로운 교수법은 기존 교수법과 학업 성취도에 아무런 차이가 없다.")

- 연구가설 (Alternative Hypothesis, H_1): 연구자가 데이터를 통해 입증하고 싶어 하는 주장이다. "새로운 교수법이 기존 교수법보다 학업 성취도를 더 높일 것이다"와 같이, '차이가 있다' 또는 '효과가 있다'고 주장하는 것이 연구가설이다. 그러니까 통계 분석의 목표는 결국 귀무가설은 기각하고 연구가설을 채택하는 것이다.

(2) p값 (p-value, 유의 확률)

- 의미: p값은 "귀무가설이 사실이라고 가정했을 때, 현재 내 연구에서 관찰된 결과 혹은 그보다 더 극단적인 결과가 순전히 우연에 의해 나타날 확률"을 의미한다. 즉, 이 결과가 얼마나 '드물게' 일어나는 일인지를 보여주는 숫자이다.
- 해석: p값이 작을수록 관찰된 결과가 우연히 발생했을 가능성이 낮다는 것을 의미한다. 학계에서는 보편적으로 그 기준을 5%, 즉 0.05로 삼는다. 만약 p값이 0.05보다 작으면($p<0.05$), 연구자들은 "관찰된 결과가 우연일 확률은 5% 미만이므로, 귀무가설을 기각한다"고 판단하여 자신의 연구가설이 '통계적으로 유의미하다'고 결론 내린다.

5.3.2 변수 간 관계 탐색

(1) 교차분석 (Crosstabulation): 범주와 범주의 만남

- 교차분석은 두 가지 범주형 변수(Categorical Variable) 간의 관계를 분석하는 것이다. 아주 간단한 예를 들어보자. 아래는 "성별에 따른 선호 웹툰 장르의 차이"를 알아보기 위해 100명의 데이터를 교차분석표로 정리한 것이다.

	로맨스	판타지	액션	합계
남성	10	15	25	50
여성	30	10	10	50
합계	40	25	35	100

- 여기서 핵심은 "이 표에서 나타난 차이가 진짜 의미 있는 관계인가, 아니면 그냥 우연의 일치인가?"인가 하는 문제이다. 이때 사용하는 방법이 카이제곱 검정(chi-squared test, $x2$)인데, 이 검증은 '만약 성별과 장르 선호도 사이에 아무 관계가 없다면 어땠을까?'라는 가정 하의 기대 빈도(expected frequency)와 실제 관찰된 결과인 관찰 빈도(observed frequency)를 비교한다. 그 차이가 우연으로 보기에는 너무 클 경우 p값이 작게 나타나서, 이를 통해 "성별과 장르 선호도 사이에는 통계적으로 유의미한 관계가 있다"고 결론 내릴 수 있을 것이다.
- 그런데 위 도표를 분석하자면, 성별과 선호 웹툰 장르의 분포를 교차표로 정리한 결과, 각 범주 조합에서 나타난 관찰 빈도는 기대 빈도와 큰 차이를 보이지 않았다. 카이제곱 검정 결과, $x^2(2, N=100) = 0.23$, $p = .891$로, 유의수준 0.05에서 귀무가설을 기각할 수 없었다. 이는 성별과 장르 선호 사이에 통계적으로 유의한 연관성이 없으며, 효과 크기(Cramér's V = 0.05) 또한 매우 작아 실질적인 차이도 미미함을 의미한다. 쉽게 말해, 이 표에 나타난 성별에 따른 장르 선호 차이는 특별한 경향이 아니라 단순한 우연일 가능성이 높다.[27]

27 이 분석 설명이 다소 복잡하게 느껴진다 해도 실망할 필요는 없다. 처음에는 세부 계산 원리보다 p값이 크면 '관계없음', 작으면 '관계 있음' 정도의 의미를 이해하는 수준에서 출발해도 충분하다.

(2) 상관관계 분석 (Correlation Analysis): 숫자와 숫자의 만남

- 상관관계 분석은 두 개의 연속형 변수(Continuous Variable)가 얼마나 밀접하게 움직이는지를 보여준다. 여기서 연속형 변수란 나이, 소득, 만족도 점수처럼 연속적인 숫자로 측정되는 변수를 말한다.
- 두 변수의 관계는 -1에서 +1 사이의 값인 상관계수(correlation coefficient)로 나타낸다.
  - 정적 상관 (Positive Correlation, 0 초과 ~ +1)

    한 변수가 증가할 때 다른 변수도 함께 증가하는 경향. 키가 클수록 몸무게도 많이 나가는 경향과 같다. (+1에 가까울수록 관계가 뚜렷하다.)
  - 부적 상관 (Negative Correlation, -1 ~ 0 미만)

    한 변수가 증가할 때 다른 변수는 감소하는 경향. 산의 높이가 높아질수록 기온이 낮아지는 경향과 같다. (-1에 가까울수록 관계가 뚜렷하다.)
  - 관계없음 (0에 가까움)

    두 변수 사이에 뚜렷한 직선적 관계가 없음.

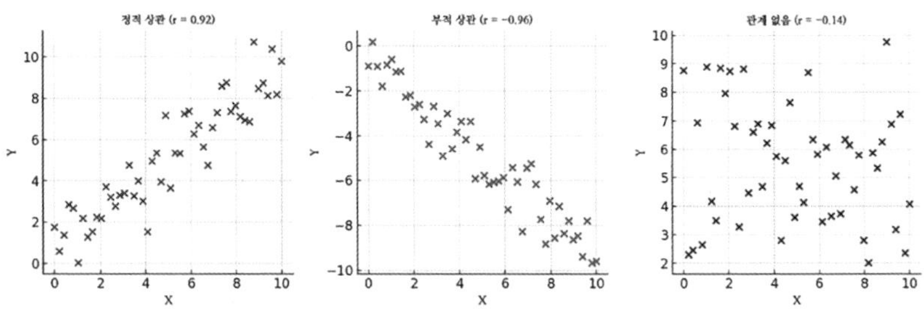

상관관계 분석 예시

- 주의
  - 상관관계는 인과관계가 아니다

    상관관계는 두 변수가 함께 움직이는 경향을 보여줄 뿐, 어느 하나가 다른 하나의 원인임을 의미하지 않는다. 예를 들어, 아이스크림 판매량과 상어 공격 횟수 사이에는 강한 정적 상관관계가 나타나지만, 아이스크림이 상어 공격의 원인은 아니다. 두 현상 모두 '계절(여름)'이라는 제3의 변수(confounding variable) 때문에 함께 증가하는 것이다.

- 직선적 관계의 측정

  상관계수가 낮다고 해서 두 변수 사이에 아무 관계가 없다고 단정해서는 안 된다. 이는 직선적인 관계가 없다는 의미일 뿐이다. 가령, '연습 시간과 운동 능력'의 관계처럼 처음에는 급격히 좋아지다 나중에는 완만해지는 곡선적 관계(비선형 관계)가 존재할 수 있다.

(3) t-검정(t-test)과 분산분석(ANOVA): 집단 간 평균 비교

- 두 개 또는 그 이상의 집단 간 평균 점수에 차이가 있는지, 그리고 그 차이가 통계적으로 유의미한지 검증할 때 사용한다. 비교할 집단이 두 개일 때는 t-검정을, 세 개 이상일 때는 ANOVA를 사용한다.

t-검정 예시

> 독립표본 t-검정 결과, 남성(M = 120만 원, SD = 35만 원)과 여성(M = 110만 원, SD = 30만 원)의 암호화폐 투자액 평균은 통계적으로 유의한 차이가 없었다, $t(98) = 1.45$, $p = .150$, $d = 0.29$. 이는 표본에서 나타난 평균 차이가 우연에 의한 변동 범위 내에 있으며, 실질적인 효과 크기도 작은 수준임을 시사한다.

→ 쉽게 말해, 남녀 간 투자액 차이는 특별히 의미 있는 수준이 아니었다.

ANOVA 예시

> 분산분석 결과, 세 장르(A, B, C)의 영화 관객 만족도 평균은 유의하게 달랐다, $F(2, 147) = 5.62$, $p = .004$, $\eta^2 = 0.07$. 사후검정(Tukey HSD)에서 A장르(M = 4.2, SD = 0.6)가 C장르(M = 3.7, SD = 0.7)보다 평균 만족도가 유의하게 높았으며, B장르(M = 4.0, SD = 0.5)는 다른 장르와 유의한 차이가 없었다.

→ 쉽게 말해, A장르 관객들이 C장르 관객보다 만족도가 높았고, B장르는 그 중간 수준이었다.

(4) 회귀분석 (Regression Analysis): 관계를 예측하는 방정식

- 하나 이상의 독립변수(원인)가 종속변수(결과)에 얼마나 영향을 미치는지, 그 인과관계를 설명하고 예측하는 모델을 만들 때 사용된다.
- 예시

"교육 수준, 근무 경력, 성별이 개인의 소득 수준에 각각 얼마나 영향을 미치는가?"를 알아보기 위한 연구에서,

> 회귀분석을 실시한 결과, 교육연수(β = 220, $p < .001$)와 근무경력(β = 180, $p = .002$)은 연 소득에 유의한 정(+)의 영향을 미쳤다. 즉, 다른 조건이 동일할 때 교육연수가 1년 증가하면 평균 소득이 220만 원 증가하고, 근무경력이 1년 증가하면 평균 소득이 180만 원 증가하는 것으로 나타났다. 반면, 성별(남=0, 여=1)은 β = −300, $p = .030$으로, 여성의 평균 소득이 남성보다 300만 원 낮은 경향을 보였다. 전체 회귀모형은 통계적으로 유의하였으며($F(3, 196) = 24.87$, $p < .001$), 결정계수 R^2는 .276으로, 독립변수

들이 연 소득 변동의 약 27.6%를 설명하였다.

→ 쉽게 말해, 교육이 길고, 경력이 많을수록 평균 소득이 높아지는 경향이 뚜렷하며, 성별에 따라서도 평균 소득 차이가 나타났다.

5.3.3 데이터 분석 소프트웨어

현재 가장 많이 쓰이는 통계 분석 소프트웨어는 다음과 같다. 자신의 연구에 맞는 것을 선택해 틈틈이 익혀두면 좋을 듯하다.

- SPSS (Statistical Package for the Social Sciences)
  - 특징

    마우스 클릭 기반의 그래픽 사용자 인터페이스(GUI)를 가지고 있어, 통계 프로그램을 처음 접하는 연구자들도 비교적 쉽게 배울 수 있다. 직관적이고 사용자 친화적이어서 사회과학 분야에서 오랫동안 널리 사용되어 왔다.
  - 장점

    기초 수준의 분석은 코딩 없이도 대부분의 통계를 수행할 수 있어 진입 장벽이 낮다.
  - 단점

    유료 소프트웨어이며, 아래 R에 비해 분석의 자유도나 확장성은 다소 떨어진다.

- R
  - 특징

    통계 분석과 그래픽 작업을 위한 무료, 오픈소스 프로그래밍 언어이자 소프트웨어 환경이다. 전 세계의 연구자들이 개발한 최신 분석 기법을 담은 많은 패키지를 사용할 수 있다.

- 장점

다양한 분석 기법과 시각화 기능을 지원하며, 사용자의 필요에 맞게 자유롭게 확장할 수 있다.

- 단점

명령어(code)를 직접 입력해야 하므로, SPSS에 비해 초기 학습 곡선이 좀 가파르게 느껴질 수 있다.

- **Python**

- 특징

범용 프로그래밍 언어로, 데이터 수집·전처리·통계 분석·머신러닝·시각화까지 한 환경에서 수행 가능하다. 방대한 오픈소스 라이브러리와 프레임워크를 활용할 수 있다.

- 장점

통계뿐 아니라 데이터 과학 전반(머신러닝, 딥러닝, 자동화)에 활용 가능하고, 대규모 데이터 처리와 웹·클라우드 환경 연계에 강하다. 방대한 사용자 커뮤니티를 기반으로 풍부한 예제·문서 및 R 못지않은 통계·시각화 패키지를 지원한다.

- 단점

SPSS 같은 GUI 기반 툴에 비해 코드를 직접 작성해야 하므로, 진입장벽이 높을 수 있고, 통계 전용 기능은 R에 비해 일부 영역에서 구현 속도가 늦을 때가 있다.

6장

문헌연구

지금까지 우리는 연구 방법론의 두 주요 범주인 질적 연구와 양적 연구를 살펴보았다. 보통 "숫자와 통계를 사용하지 않으면 모두 질적 연구인가?"라는 질문을 많이 하는데, 이러한 이분법적 시각은 연구의 방법론에 대한 본질을 충분히 이해하지 못한 데서 비롯된다. 질적 연구는 단순히 '양적이지 않다'는 소극적 정의에 그치는 것이 아니라, 현상의 이면에 담긴 의미와 맥락을 심층적으로 탐구하는 해석적 접근에 그 핵심이 있다.

이러한 관점에서 인문학에서 널리 활용되는 문헌연구(literature-based research)는 질적 접근과 해석 중심의 성격을 공유하기도 하지만, 형식으로 굳이 따지자면 비경험(비실증) 적연구(non-empirical research)에 해당한다고 할 수 있다. 인터뷰나 참여관찰이 현장의 목소리를 바탕으로 의미를 도출하는 질적 연구라면, 문헌연구는 텍스트와 기존 연구 자료라는 이차

자료를 통해 논리·개념·담론을 비판적으로 해석하며 의미를 구성한다.[28]

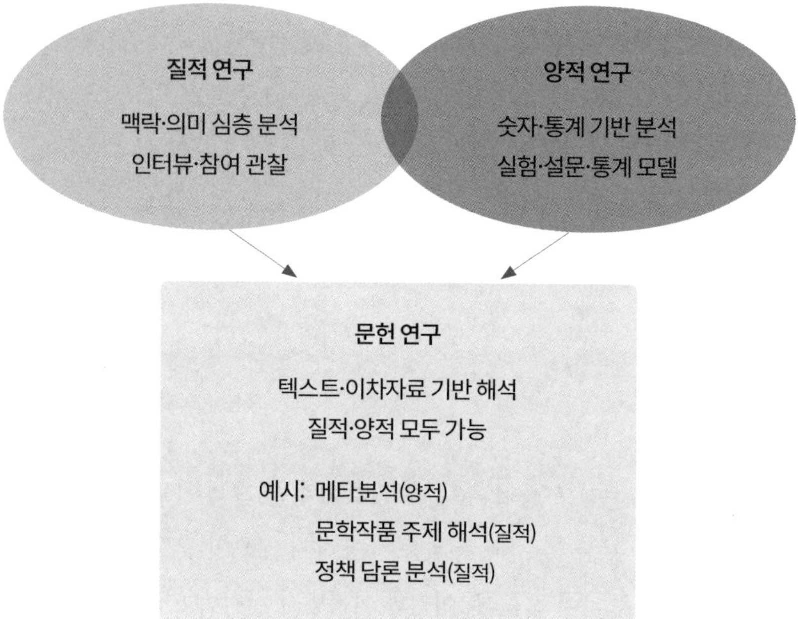

질적 연구, 양적 연구, 문헌연구의 관계 도식

28 문헌연구는 질적 연구와 양적 연구 중 어느 한쪽으로 단정할 수 없다. 이는 질적·양적 연구와 별개의 범주라기보다, 자료 해석 방식과 연구 목적에 따라 유연하게 적용할 수 있는 방법론이다. 문헌연구는 질적·양적 실증연구에 앞서 사전연구(preliminary study)로서 이론적 배경과 선행연구 분석을 제공할 수 있으며, 문헌 분석만으로도 독립적인 연구가 가능하다. 예를 들어, 메타분석(meta-analysis)은 기존 연구의 효과 크기(effect size)를 통계적으로 종합하는 양적 문헌연구에 해당한다. 반면, 문학 작품의 주제 해석이나 정책 담론 변화 과정을 분석하는 연구는 텍스트 기반 질적 문헌연구로 분류할 수 있다. 결국, 문헌연구는 연구자가 던지는 질문과 채택하는 해석 방식에 따라 질적·양적 접근 모두를 포괄할 수 있는 연구 형태다.

6.1 문헌연구의 가치

많은 연구자들이 "현장으로 나가 데이터를 수집하는 질적 연구나, 통계를 돌리는 양적 연구만이 진짜 연구가 아닐까"하는 막연한 불안감을 가지고 있는 것 같다. 과연 책과 논문만 읽고 쓰는 문헌연구가 그 자체로 충분한 가치를 가질 수 있을까? 답은 "물론, 그렇다"이다.

문헌연구는 인문학 탐구의 전형적인 방법론 중 하나이며, 그 학문적 가치 또한 실증적 방법론에 비해 전혀 열등하지 않다.

- **새로운 렌즈로 재해석**

  이미 많은 연구가 이루어진 고전 텍스트(예: 셰익스피어의 『햄릿』, 『템페스트』)라도, 페미니즘, 정신분석, 후기식민주의, 마르크스주의와 같은 새로운 이론적 렌즈를 통해 비추어보면 이전에는 보이지 않았던 다른 의미와 문제의식들이 드러난다. 마치 같은 풍경을 다른 시간, 다른 각도에서 찍을 때마다 다른 사진이 결과물로 나오는 것과 같다. 예를 들어,

  - 페미니즘적 관점은 오필리아의 죽음이 단순한 비극을 넘어 가부장적 사회의 억압 구조를 어떻게 반영하는지 질문하게 한다.

  > 오필리아는 아버지, 오빠, 햄릿이라는 강력한 남성들에게 둘러싸여 있다. 이 셋 모두가 사라지자… 전통적인 해석은 오필리아가 광기에 빠졌다고 보았다. 그러나 페미니즘 비평가들은, 햄릿이 그녀의 아버지를 죽였을 때, 그것이 오필리아의 성적 욕망을 충족시킨

것이라 보고, 그로 인해 죄책감에 미쳐버린 것이라고 주장한다… 쇼월터는 현대 문화에서 오필리아가 '불안과 히스테리에 빠진 여성'의 상징이 되었다고 지적한다.

- 후기식민주의적 관점은 프로스페로와 캘리번의 관계를 통해 제국주의의 폭력성을 읽어내게 한다.

…프로스페로는 밀라노의 사회적·도덕적 구조를 섬에 이식한 인물로 여겨진다… 그는 섬의 지배권을 장악하고, 그곳의 주민인 캘리번과 에어리얼을 노예로 만들었다.

• **논리적 구조와 함의 분석**

텍스트를 정밀하게 분석하여, 논리 구조의 핵심과 이전에는 주목받지 못했던 철학적, 사회적 함의를 이끌어내는 것은 문헌연구의 중요한 가치이다. 이는 저자가 명시적으로 주장하는 바를 넘어, 그의 논리가 성립하기 위해 암묵적으로 전제하고 있는 것, 혹은 그의 논리 체계 안에 존재하는 내적 모순이나 긴장을 파고드는 작업이다. 이를 통해 이론을 더 깊이 이해하거나, 비판적으로 극복할 지점을 찾아낼 수 있다.

"이민자 사회 통합을 위해 강력한 법 집행이 필요하다."
— 여기서 '사회 통합'이라는 긍정적 목표와 '강력한 법 집행'이라는 표현 사이에는, '이민자는 기본적으로 법 집행 대상이 된다'는 전제가 숨어 있다. 이는 '통합'이라는 명시적 가치와 '통제'라는 암묵적 관점 간의 긴장을 드러낸다.

"우리 경제의 활력은 숙련 이민자 덕분이다."
— 표면적으로는 이민자를 긍정적으로 묘사하지만, '숙련'이라는 한정어는 숙련되지 않은 이민자에 대한 배제 전제를 암시한다.

철학, 역사, 문학, 법학과 같은 분야는 문헌연구가 선택이 아닌, 학문의 본질 그 자체이다. 플라톤의 저작을 직접 읽고 해석하지 않고는 철학을 할 수 없으며, 사료를 분석하지 않고서 역사를 논할 수는 없는 일이다. 법학 연구는 판례와 법조문이라는 텍스트에 대한 엄밀한 해석을 통해 이루어진다. 이러한 학문들은 새로운 텍스트를 창조해내는 것이 아니라, 기존 텍스트와의 대화를 통해 새로운 지식을 생산한다.[29]

계속해서, 문헌연구의 방법에는 어떤 것들이 있는지 알아보자.

6.2 개념사 연구

문헌연구의 한 유형으로서, 특정 개념이 역사 속에서 어떻게 변화했는지를 추적하는 개념사 연구(Conceptual History, Begriffsgeschichte)는 해석과

29 문헌연구 외에도 비경험(비실증)적 연구에는 이론연구(theoretical research)라는 것도 있다. 문헌연구가 기존 자료와 텍스트를 분석·해석하는 데 중점을 둔다면, 이론연구는 그러한 분석을 바탕으로 새로운 개념이나 이론적 틀을 제안하는 데 주요 목적이 있다. 가령, 여러 사상가의 논의를 종합해 '정의(justice)' 개념을 재구성하거나, 기존 이론을 토대로 새로운 정책 모델을 개발하는 작업은 이론연구에 해당한다. 그런데, 실제 연구 과정에서는 문헌연구와 이론연구가 유기적으로 연결되는 경우가 많기 때문에, 둘을 엄격히 구분하는 것은 큰 의미가 없다. 어떤 질문을 던지고, 어떻게 해석하는지의 문제가 더 중요한 것이다. 학계의 이런 용어들에 낯설어 하지 말라는 차원에서 언급하고 넘어간다.

맥락의 중요성을 심화된 방식으로 보여준다. 개념사 연구는 우리가 일상적으로 사용하는 많은 개념들이, 예컨대 '가족', '행복', '민주주의', '화폐' 등, 시대를 초월해 고정된 의미를 지닌다는 통념에 문제를 제기한다. 이 연구 방법은 특정 개념이 역사 속에서 언제, 어떤 맥락에서 등장했으며, 사회·정치·문화적 변화에 따라 그 의미가 어떻게 전환 및 재구성되어 왔는지를 추적한다.

6.2.1 의의

개념은 사회의 구조, 가치체계, 권력 관계를 반영하는 역사적 산물이다. 따라서 개념사 연구는 개념이 형성되고 변화하는 과정 속에서 사회 변동과 권력 재편의 흔적을 포착한다.

예를 들어, '노동(labor)'이라는 개념은 전근대 사회에서 주로 신체적 고통이나 하층 계급의 수동적 활동으로 인식되었다. 그러나 산업혁명과 시민사회 형성을 거치며, 노동은 자율성과 자기실현의 수단으로 재정의되었다(E.P. Thompson, *The Making of the English Working Class*; Hannah Arendt, *The Human Condition*). 이러한 의미 전환은 신분제 사회에서 자본주의 사회로의 이행이라는 구조적 변화와 밀접히 연관되어 있다.

마찬가지로 '프라이버시(privacy)' 개념은 한때 은둔과 고립을 뜻하는 소극적 의미를 지녔다. 그러나 20세기 말 정보화 사회로 접어들면서, 프라이버시는 개인 정보에 대한 통제권이라는 적극적 권리로 확장되었다(Daniel Solove, *Understanding Privacy*; Helen Nissenbaum, *Privacy in Context*). 이는 기술 발전, 정보 흐름의 가속화, 개인 권리 담론의 재구성과 맞물려 발생한 변화이다.

이처럼 개념의 변천을 추적하는 일은, 시대의 변화와 권력 구조의 재편, 그리고 그에 따른 인간 이해 방식의 변화를 나타낸다. 개념을 역사화(historicization)함으로써, 우리의 사고를 지배하는 전제를 비판적으로 성찰하고 새로운 사유의 가능성을 열어주는 의의가 있다 하겠다.

6.2.2 과정

개념사 연구는 보통 다음의 단계를 거친다.

(1) 개념 선정

- 자신의 연구에서 가장 중심이 되는, 논쟁적이거나 시대에 따라 의미 변화가 뚜렷할 것으로 예상되는 개념을 선정한다.
- 모든 단어가 개념사 연구의 대상이 될 수는 없다. 사회적으로 중요하고, 여러 의미가 경합하며, 시대적 변동을 담고 있는 개념일수록 연구의 가치가 높다.

(2) 자료 수집

- 해당 개념이 중요하게 사용된 다양한 시대의 1차 문헌을 폭넓게 수집한다.
- 철학서, 문학작품, 법률 문서, 기사, 사전, 백과사전, 연설문, 개인 편지나 일기 등 해당 개념의 의미를 정의하거나 논쟁하는 모든 텍스트가 분석 자료가 된다. 디지털 아카이브나 코퍼스를 활용하면 방대한 자료를 효율적으로 수집할 수 있다.

(3) 의미 변화 분석

- 공시적 분석(Synchronic Analysis)

  특정 시점에서 그 개념이 어떤 동의어, 반의어와 관계를 맺고 있는지, 어떤 수식어와 함께 사용되는지(연어 관계, Collocation)를 분석한다. 이는 특정 시대에 해당 개념이 가지는 의미의 네트워크를 알아보는 작업이다.

- 통시적 분석(Diachronic Analysis)

  시간의 흐름에 따라 개념의 핵심 의미가 어떻게 유지되고, 어떤 새로운 의미가 추가되거나 소멸되었는지를 추적한다. 과거에는 중요했던 의미가 지금은 왜 사라졌는지, 혹은 과거에는 없던 의미가 지금은 왜 중요한지 질문해야 한다. 이 과정에서 결정적인 의미 변화의 분기점을 찾아내도록 한다.

(4) 역사적 맥락과 연결

- 개념의 의미 변화를 당시의 사회·정치적 사건, 기술 발전, 사상적 흐름과 연결하여 그 역사적 함의를 해석한다.
- "왜 하필 그 시점에서 개념의 의미가 변화했는가?"라는 질문에 대한 답을 찾는 과정이다. 이 연결고리를 밝혀낼 때, 개념사 연구는 어휘사 연구(?)에서 지성사 연구 수준으로 올라가게 된다.

6.2.3 인문학 연구 예시

- **화폐철학/암호화폐**
  - '화폐(money)'라는 개념이, 과거 '국가가 가치를 보증하는 교환의 매개'**에서 현재 '알고리즘에 의해 신뢰가 보증되는 탈중앙화된 가치

저장 수단'으로 어떻게 전환되고 있는지를, 비트코인 백서와 관련 온라인 커뮤니티 담론을 중심으로 분석할 수 있다.

- 이는 단순한 기술 혁신의 문제가 아니라, 신뢰(trust)의 주체가 국가에서 코드로, 가치(value)의 근거가 제도에서 수학적 알고리즘으로 이동하는, 패러다임 전환을 드러내는 연구가 될 것이다.
- 이러한 분석은 화폐 개념의 의미 변화를 통해, 경제 질서와 권력 구조 재편의 심층적 함의를 포착하는 개념사 연구의 전형을 보여준다.

• **영문학**
- 18세기 영국 소설과 19세기 영국 소설에서 '사랑(love)'이라는 개념이 어떻게 다르게 나타나는지 분석할 수 있다.
- 가문의 결합을 위한 '의무'나 '계약'의 의미가 강했던 사랑이, 개인의 내면적 감정과 자유로운 선택을 중시하는 '낭만적 사랑'으로 변화하는 과정을 추적할 수 있다.
- 공동체 중심 사회에서 개인주의적 근대 사회로의 이행이라는 역사적 변화를 문학 작품을 통해 조명하는 작업이다.

• **대중문화**
- '팬(fan)'이라는 개념의 역사적 변천을 추적하는 연구도 가능하다.
- 과거 '열광적인 숭배자'라는 다소 수동적이고 비이성적인 의미가 강했던 '팬'이, 오늘날 K-Pop 팬덤에서는 아이돌의 성공을 위해 직접 앨범을 구매하고 스트리밍하며 여론을 형성하는 능동적인 '프로슈머(prosumer)'이자 '정동적 노동자(affective laborer)'로 그 의미가 변화해온 과정을 분석할 수 있다.
- 과거의 팬클럽 회지, 잡지 기사, 그리고 현재의 온라인 팬 커뮤니티 게시글, 소셜 미디어 해시태그 등을 분석 대상으로 삼아, 시대별로 '팬'을 규정하는 핵심적인 동사나 형용사가 어떻게 달라졌는지를 비

교 분석할 수 있다.

- 미디어 기술의 발전과 자본주의의 변화가 대중의 정체성을 어떻게 바꾸어 가는지를 보여주는 연구가 될 것이다.

6.3 담론 분석: 텍스트 이면의 권력과 이데올로기 읽기

문헌연구의 다음 유형으로 소개하는, 담론 분석(Discourse Analysis)은 텍스트를 사회적 실천의 장으로 보고 언어 사용에 내재된 권력의 작동과 지식의 형성을 분석하는 데 초점을 둔다. 이러한 관점은 특히 미셸 푸코[30]의 이론에 뿌리를 두고 있으며, 인문학과 사회과학 전반에서 널리 활용되고 있다.[31]

6.3.1 담론이란?

담론은 단순히 '이야기'나 '대화'라는 일상적 의미를 넘어서는 개념이다. 그것은 특정 시대와 사회 속에서 사람들이 어떤 주제에 대해 말하고, 생각하고, 이해하는 방식을 규정하는 규칙과 체계를 가리킨다. 다시 말해, 담론은 무엇이 '정상'이고 '진리'인지, 또 무엇이 '비정상'이고 '문제'인지를

30 미셸 푸코(Michel Foucault, 1926–1984)는 프랑스의 철학자이자 역사학자로, 『말과 사물』, 『감시와 처벌』, 『성의 역사』 등을 통해 지식과 권력, 주체의 형성 과정을 비판적으로 분석하였다. 특히 그는 담론이 단지 언어적 표현을 넘어 사회적 현실을 구성하는 방식임을 강조하였다.

31 개념사 연구와 담론 분석은 언어와 텍스트를 통해 사회적 의미가 구성된다는 전제를 공유하지만, 연구의 초점과 질문은 다르다. 개념사 연구는 특정 개념이 시대와 맥락에 따라 어떻게 변화했는지를 추적하는 반면, 담론 분석은 특정 텍스트가 어떤 말하기 방식(담론)을 통해 현실을 특정 방식으로 규정하고, 권력 관계를 정당화하는지를 분석한다. 전자는 '개념의 역사'를, 후자는 '언어를 통한 권력의 작동'을 탐구한다고 할 수 있다.

결정하는 사회적 약속이자 힘의 장치다.

예를 들어, '광기'라는 개념은 역사 속에서 전혀 다른 방식으로 정의되어 왔다. 중세 사회에서는 종교적 담론이 지배적이었기에, 광기는 신의 계시이거나 악마의 저주로 해석되었다. 그러나 근대에 들어 의학적 담론이 주도권을 잡으면서, 광기는 치료와 관리가 필요한 '질병'으로 재규정되었다. 이런 식으로 담론의 변화는 단어의 의미뿐 아니라, 그 현상을 다루는 방식과 사회의 대응마저 변화시킨다.

6.3.2 담론 분석의 목표

담론 분석의 목표는 텍스트가 특정 담론을 생산, 유지, 변화시키는 일련의 과정을 분석하는 것이다. 행간을 읽어내는 작업이며, 연구자는 다음과 같은 질문을 통해 텍스트 이면의 권력 관계를 읽어낼 수 있다.

- **누가 발화하는가?**

  특정 발화가 어떤 사회적 지위와 권위를 가진 주체로부터 나오는가? 예컨대, 텍스트 속에서 전문가, 정부, 학계, 혹은 특정 성별이나 계층이 주된 발화자로 등장할 수 있다. 이들의 목소리는 종종 '전문성'이나 '공식성'이라는 장치로 포장되어 신뢰할 수 있는 것으로 제시된다. 반대로, 일부의 목소리는 배제되거나 축소되기도 한다. 뉴스 보도에서 정부 관료의 발언은 '공식 발표'로 인용되는 반면, 시위 참여자의 의견은 '일부 주장'이나 '개인적 의견'처럼 표현되는 것을 그 일례로 들 수 있다. 이러한 차별적 인용과 서술 방식은 누구의 목소리가 공적 담론 속에서 (비)가시화되는지를 드러내며, 이때 담론 분석은 바로 이런 발언권의 분배 구조 및 그 이면에 작동하는 권력의 메커니즘을 밝힌다.

• **무엇이 정상인가?**

텍스트는 어떤 상태를 '정상적'이고 '자연스러운' 것으로, 또 어떤 상태를 '비정상적'이고 '문제적인' 것으로 묘사하는가? 이 과정에서 사용되는 단어와 비유는 무엇인가? 가령 '정상 가족'이라는 담론은 핵가족 이외의 여러 다양한 가족 형태를(예: 한부모 가정, 동거 가정, 다문화 가정 등) '결손'이나 '문제'가 있는 것으로 규정하는 효과를 낳는다. 이러한 정상에 대한 규정은 반복을 통해 우리의 무의식 속에 자리 잡아, 여타의 다른 가능성을 상상하기 어렵게 만드는 이데올로기적 기능을 수행한다.[32]

• **어떤 범주가 사용되는가?**

사람이나 사물을 분류하는 과정에서 어떤 단어와 범주가 사용되며, 그 범주가 어떠한 가치판단을 나타내는가? 예를 들어, 특정 외국인 집단을 '불법 체류자'로 지칭하는 경우와 '미등록 이주노동자'로 지칭하는 경우는 서로 다른 정치적 함의를 지닌다. 전자는 법적 위반 여부를 강조하는 반면, 후자는 노동 주체로서의 지위를 부각한다. 또한, 특정 무장 단체를 '테러리스트'로 부를 것인지, '투사'로 부를 것인지에 따라 그들의 행위에 대한 도덕적 평가가 달라질 수 있다. 이러한 범주화는 사회·정치적 맥락과 이해관계 속에서 형성·재생산된 담론적 결과물이다.

32 '이데올로기'(ideology)라는 말은 고대 그리스어 ἰδέα (idéa, '형상, 모습, 본질')와 –λογία (–logia, '…에 대한 연구')에서 유래한다. 여기서 idéa는 플라톤 철학에서 감각 세계를 넘어서는 완전하고 변하지 않는 '참된 형상'을 뜻하는 이데아와 동일한 단어다. 그러다가 프랑스어 idéologie로 발전, '관념에 대한 과학'을 의미하게 되었고, 이후 정치·사회적 사상 체계를 가리키는 뜻으로 변모했다. 즉, 우리 머리에 어떤 형상이 들어 있는지에 관한 문제를 나타내는 말이다. 가끔은, 흔하게 쓰는 말이 더 혼동될 때가 있어서.

- **누가 이익을 얻는가?**

  이러한 담론을 통해 이익을 얻는 집단이나 권력은 누구이며, 또 반대로 억압받거나 소외되는 집단은 누구인가? 담론은 특정 사회 질서를 유지하고 특정 집단의 지배를 정당화하는 역할을 한다. 예를 들어, '노력이 부족해서 가난하다'는 식의 담론은, 가난의 원인을 사회 구조적 불평등이 아닌 개인의 책임으로 돌림으로써 기존의 불평등한 사회 구조를 유지하려 할 것이다. 담론 분석은 바로 그 효과와 결과를 비판적으로 드러내는 것을 목표로 한다.

6.3.3 인문학 연구 예시

- **대중문화: 리얼리티 TV 프로그램의 '진정성(authenticity)' 담론 분석**

  제작진의 편집(예: 흔들리는 카메라 기법, 거친 화면 질감), 인터뷰(예: 출연자의 눈물을 클로즈업하는 방식), 내레이션(예: "그의 진심이 느껴지는 순간이었다") 등의 장치들이 어떻게 출연자의 모습을 '진짜 모습'인 것처럼 구성하는지 분석한다. 이어서 이러한 '진정성' 담론이 시청자들에게 끊임없이 자신을 성찰하고 계발해야 하는 신자유주의적 주체성을 이상적인 인간형으로 제시하는 것은 아닌지 비판적으로 탐구할 수 있다.

- **화폐철학/암호화폐: 주류 경제 뉴스가 비트코인을 다루는 담론 분석**

  뉴스가 비트코인을 '투기 자산'으로 프레이밍, '거품', '도박', '광기'와 같은 단어를 사용하는지, 아니면 '혁신 기술'로 프레이밍, '자유', '혁명', '탈중앙'과 같은 단어를 사용하는지 분석한다. 또한 각 프레임에서 어떤 전문가(예: 제도권 금융 분석가 vs. 기술 전문가)의 목소리를 인용하고 어떤 데이터(예: 단기적 가격 변동성 vs. 장기적 기술 확산 추세)를 사용하는지 분석한다. 이를 통해 특정 담론이 어떻게 암호화폐에 대한 대중의 인식과 규제 정책에 영향을 미치는지 밝힐 수 있다.

- **교육학/언어학: 초등학교 교과서에 나타난 '다문화 가정' 담론 분석**
  다문화 가정의 자녀를 '우리가 도와줘야 할 동정의 대상'으로 묘사하는지(예: "피부색은 달라도 우리는 친구"), 아니면 '다양한 언어와 문화를 가진 주체'로 묘사하는지를 분석한다. 텍스트의 서술 방식과 삽화의 구성을 통해, 교과서라는 공적인 텍스트가 다문화에 대한 특정 이데올로기를 어떻게 생산하고 강화하는지 비판적으로 탐색할 수 있다.

6.3.4 담론 분석의 확장과 보완 과제

푸코가 현대 담론 분석의 이론적 기반을 마련한 이후 이를 다양한 사회과학적 분석틀로 확장하려는 시도가 이루어졌다. 대표적 확장 사례로는 페어클러프[33]의 비판적 담론 분석(Critical Discourse Analysis, CDA)가 있다. 푸코가 권력과 지식의 관계를 역사적·철학적으로 탐구한 데 비해, 페어클러프는 이를 구체적인 언어 분석 틀로 전환하여 사회과학 연구에 적용했다. CDA는 언어 형식, 담론 관행, 사회적 맥락의 세 차원을 통합적으로 분석함으로써, 담론이 권력 관계를 재생산하는 구체적 경로를 드러낸다. 예컨대 교육과정 문서 분석을 통해 특정 이데올로기가 어떻게 제도화되는지, 뉴스 보도를 통해 특정 집단이 어떻게 주변화되는지를 실증적으로 보여준다.

33 노먼 페어클러프(Norman Fairclough, 1941~)는 영국의 언어학자로, 비판적 담론 분석(CDA) 발전에 핵심적인 역할을 하였다. 그는 텍스트 자체(text), 담화가 생산·유통·소비되는 담화 관행(discursive practice), 그리고 이를 둘러싼 사회문화적 맥락(social practice)으로 이루어진 3차원 모형을 제시하였다. 주요 저서로는 Language and Power (1989), Discourse and Social Change (1992), Critical Discourse Analysis (1995) 등이 있다.

담론 분석은 텍스트와 발화 속에 내재된 권력 관계와 이데올로기를 드러내는 데 유용하지만, 그 방법론적 성격상 한계와 보완 과제를 안고 있다. 담론이 형성·유통되는 구조적 조건이나 물질적 기반을 간과할 경우, 언어 분석만으로는 현실 권력 관계의 복잡성과 역동성을 충분히 설명하기 어렵기 때문이다. 이러한 이유로 담론 분석을 수행할 때는 분석의 범위와 한계를 인식하고, 개념사 연구(6.2 참조), 계보학, 구조적 역사 분석 등의 방법론을 함께 활용하는 것이 바람직하다.[34]

6.4 이론적 틀의 설정과 적용

앞서 개념사 연구와 담론 분석을 통해 텍스트와 개념, 언어와 권력의 관계를 읽어내는 다양한 분석 방식을 살펴보았다. 이제는 이러한 분석을 어떤 '관점'과 '시각'으로 수행할지, 다시 말해 연구의 방향과 논리적 뼈대를 형성하는 이론적 틀(Theoretical Framework)을 어떻게 설정하고 적용할지를 살펴본다.

34 계보학(genealogy): 프리드리히 니체(Friedrich Nietzsche)의 《도덕의 계보》(1887)에서 유래한 역사 연구 방법을 미셸 푸코가 현대적으로 발전시킨 것이다. 특정 개념·제도·실천의 기원을 단일하고 선형적인 발전 과정으로 보지 않고, 다양한 권력 관계·우연·단절의 결과로 이해한다. 이를 통해 현재의 담론이나 제도가 역사적으로 구성된 산물임을 드러낸다.

구조적 역사 분석(structural historical analysis): 정치·경제·사회 구조와 장기적 역사 변동의 상호작용을 분석하는 방법론이다. 개별 사건이나 단기 변화보다 제도, 계급 관계, 국제 질서 등 거시적 구조에 초점을 두며, 그 속에서 담론과 사회 현상이 형성·재편되는 과정을 탐구한다. 프랑스 아날 학파(Annales School)의 장기지속(longue durée) 연구, 임마누엘 월러스틴(Immanuel Wallerstein)의 세계체제론(world–systems theory) 등이 대표 사례로 인용된다.

6.4.1 이론적 틀이란?

이론적 틀은 연구 문제를 탐구하고 데이터를 해석하기 위해 사용하는 이론과 개념의 묶음을 말한다. 이는 마치 세상을 바라보는 '색안경'과도 같은 것이다. 렌즈의 색깔에 따라 세상이 달리 보이듯, 이론적 틀의 선택에 따라 연구 대상은 완전히 다르게 해석될 수 있다.

'K-Pop 팬덤의 헌신적 활동' 현상에 대한 분석

- 마르크스주의(Marxism)

  팬덤의 활동은 자본주의 체제 속에서 팬들의 애정과 참여가 어떻게 상업적 가치로 전환되는지를, '비공식 노동'과 '소외'의 관점에서 분석할 수 있다. 예컨대 앨범 공동구매나 조직적인 스트리밍 활동은 기획사의 이윤을 증대시키는 과정에서 팬들이 무급으로 수행하는 노동 형태로 해석될 수 있다.

- 문화 연구(Cultural Studies)

  팬덤은 거대 자본의 의도에 따라 움직이는 수동적 집단이 아니라, 주어진 문화를 자신들만의 방식으로 해석·소비하고 재창조하는 능동적 주체로 이해될 수 있다. 이들이 생산하는 2차 창작물과 고유한 하위문화는 상업적 논리에 균열을 내는 창조적 행동으로 분석될 수 있다.

- 사회심리학(Social Psychology)

  팬덤 활동은 강한 소속감과 집단 정체성을 확인하려는 사회심리적 행동으로 볼 수 있다. 분석의 초점은 이러한 활동이 개인의 자존감과 사회적 관계에 미치는 영향, 그리고 팬덤 결속을 가능하게 하는 심리적 기제를 규명하는 데 맞춰질 수 있다.

- 언어학(Linguistics)

  팬덤이 온·오프라인에서 사용하는 언어를 분석, 그들이 형성하는 고유한 의사소통 방식과 집단 정체성을 확인할 수 있다. 팬들만 이해하는 은어, 약어, 해시태그, 밈 언어는 집단 내부 결속을 강화하는 사회언어학적 자원으로 기능한다. 또한 팬들이 제작하는 번역물이나 자막은 다국적 팬덤 내에서 의미가 문화적으로 어떻게 조정되는지 보여준다. 이를 통해 팬덤 담론이 언어를 통해 확산·변형되며, 동시에 소속감과 경계 설정의 도구로 활용되는 과정을 밝힌다.

6.4.2 이론적 틀의 설정 과정

(1) 연구 질문에서 출발

연구 질문에 가장 도움이 될 수 있는 이론은 무엇인가?

- "팬덤 활동은 노동인가 놀이인가?"라는 질문은 마르크스주의나 문화 연구 이론을 필요로 할 것이고,
- "팬덤 활동이 개인의 행복에 미치는 영향은 무엇인가?"라는 질문은 사회심리학 이론을 필요로 할 것이다.

(2) 핵심 이론 및 개념 탐색

연구 주제와 관련하여 선행 연구에서는 주로 어떤 이론들이 논의되어 왔는가?

- 반드시 하나의 완성된 거대 이론일 필요는 없다.
- 특정 학자의 핵심 개념 몇 가지를 선별, 연구 문제에 맞게 자신만의 분석틀로 재구성할 수도 있다.[35]

35 현실적으로 대학원생들은 학과 커리큘럼에서 다루는 이론서나 세미나에서 읽는 논문을 통해 아이디어를 얻는 경우가 많다. 이를 위해 수업 중 떠오른 생각을 메모하는 습관은,

(3) 이론의 명시적 선택과 설명

선택된 이론의 핵심 내용과 주요 개념은 무엇인가?

- "이 연구는 OO의 담론 이론을 이론적 틀로 삼는다. OO에 따르면 담론이란…"
- 이와 같은 식으로 연구자가 어떤 안경을 쓰고 현상을 볼 것인지 충분히 이해할 수 있도록 독자에게 안내해야 한다.

(4) 분석 대상과의 연결

선택된 이론을 연구의 분석 대상에 어떻게 '적용'할 것인가?

- "본 연구는 OO의 권력-지식 개념을 활용하여, 2010년대 이후 신문 기사가 '인공지능'을 어떻게 특정 이미지로 만들어내고, 이를 통해 어떤 종류의 지식과 권력을 생산하는지 분석하고자 한다"와 같이,
- 이론적 개념이 실제 분석에서 어떤 역할을 할 것인지 그 연결과 적용 관계를 명확히 서술해야 한다.

6.4.3 이론 적용의 실제

- **영문학: 제인 오스틴의 소설 『오만과 편견』 분석**
  - 프랑스 사회학자 피에르 부르디외(Pierre Bourdieu)의 '문화 자본(cultural capital)'과 '아비투스(habitus)' 개념을 이론적 틀로 설정할 수

이후 주제를 구체화하거나 분석 틀을 구성할 때 요긴한 자산이 된다. 가능한 한 다양한 이론과 사례를 접하되, 한두 가지 관심 분야를 깊이 있게 파고들도록 한다. 교수, 선배, 동료가 전공과 관련하여 추천하는 텍스트는 해당 분야의 주요 논쟁이나 연구 전통을 반영하는 경우가 많으므로, 그저 과제용으로만 읽기보다 자신의 의견을 함께 정리해 두는 것이 여러모로 현명한 방법이다.

있다.

- 문화 자본은 세련된 언어 구사, 예술적 취향, 교양 있는 태도 등 사회적으로 가치 있는 자원을 의미하며, 아비투스는 개인이 사회적 환경 속에서 습득한 지속적 성향과 행동 양식을 가리킨다.
- 연구자는 소설 속 대화, 편지, 사교 모임에서의 행동을 분석하여 인물들이 문화 자본을 어떻게 드러내고 전략적으로 활용하는지, 그리고 이것이 결혼을 통한 사회적 지위 상승에 어떤 역할을 하는지를 밝힐 수 있다.

- **대중문화: 아이돌 팬덤의 온라인 활동 분석**
  - 헨리 젠킨스(Henry Jenkins)의 '참여 문화(participatory culture)'와 '팬 생산성(fan productivity)' 이론을 적용할 수 있다.[36]
  - 팬들이 만드는 팬픽, 팬아트, 영상 편집물 등의 2차 창작 활동이나, 앨범 판매량을 높이기 위한 조직적 스트리밍 운동 같은 실천을 분석 대상으로 삼는다.
  - 이러한 활동을 단순히 아이돌을 향한 수동적인 소비 행위가 아닌, 팬들이 자신들의 해석과 의미를 더하여 문화를 능동적으로 생산하고 유통하는 지적인 실천으로 분석하며 그 문화적 의미를 탐구한다.

36 헨리 젠킨스(Henry Jenkins, 1958~, 이 책에서 예시로 가장 많이 인용)는 미국의 미디어학자이자 대중문화 연구자로, 팬덤 연구(Fan Studies)와 참여 문화(Participatory Culture) 개념을 대중화·체계화한 인물이다. MIT에서 비교미디어학(Comparative Media Studies) 프로그램을 공동 설립하고, 현재는 남캘리포니아대학교(USC)에서 교수로 재직 중이다. 대표 저서로 《Textual Poachers: Television Fans and Participatory Culture》(1992), 《Convergence Culture: Where Old and New Media Collide》(2006), 《Spreadable Media》(2013) 등이 있으며, 디지털 시대의 미디어 환경 변화와 팬 참여 연구에 지대한 영향을 끼쳤다. 대중문화 관련 분야 연구자들은 꼭 거쳐가야 할 인물이다.

- **화폐철학/암호화폐: 비트코인 커뮤니티의 형성 과정 분석**
  - 베네딕트 앤더슨(Benedict Anderson)의 '상상의 공동체(imagined community)' 개념을 이론적 틀로 가져올 수 있다.
  - 앤더슨은 민족이 혈연이 아닌, 공유된 상상을 통해 만들어진다고 보았다.
  - 만나본 적 없는 전 세계의 비트코인 지지자들이 공유된 서사(예: 국가로부터의 해방, 사토시 나카모토 신화, 탈중앙화 이념)와 상징(예: 비트코인 로고, 특정 온라인 밈), 의례(예: 특정 기념일 이벤트)를 통해 어떤 방식으로 물리적 경계를 넘어선 유대감과 공동체 의식을 형성하는지 분석한다.
- **언어학**

"He gave her a book"와 "He gave a book to her"와 같이 간접목적어와 직접목적어를 갖는 영어의 수여동사 구문을 분석하기 위해, 다음과 같은 서로 다른 이론적 틀을 적용해볼 수 있다.

- 촘스키의 생성문법(Chomsky's Generative Grammar)

  두 문장이 심층 구조에서는 동일하지만, 다른 통사적 규칙(변형 규칙)이 적용되어 다른 표층 구조로 나타난다고 분석한다. 연구의 초점은 이러한 변형을 가능하게 하는 보편적인 통사 원리를 규명하는 데 맞춰진다.
- 랭애커의 인지문법(Langacker's Cognitive Grammar)

  두 문장이 근본적으로 다른 의미와 인지적 구조를 가진다고 본다. 전자는 수여자가 소유의 영역으로 들어오는 것을 강조하는 반면, 후자는 사물이 수여자에게 이동하는 '경로'를 더 부각한다고 해석한다. 즉, 통사 구조의 차이가 곧 의미 구조의 차이임을 논증한다.
- 역사언어학(Historical Linguistics)

  영어의 수여동사 구문이 역사적으로 어떻게 형성되었는지 그 계보를 추적한다. 예를 들어, 라틴어와 같은 고대 언어에서는 어순보다 격(case) 표시가 문법적 관계를 나타내는 데 더 중요했다. 영어의 구문 구조가 게르만어 계통의 고유한 특징과 프랑스어(라틴 계열)의 영향을 받아 어떻게 현재의 형태로 변화했는지 분석함으로써, 언어의 역사적 변화 이면에 있는 보편적 원리를 탐구할 수 있다.

7장

텍스트 분석

6장에 이어 역시 문헌연구의 한 갈래로서, 7장에서는 텍스트의 '내부 구조'와 '작동 원리'에 초점을 맞춘 분석 방법을 다룬다. 앞서 6장이 '숲'을 본 것이라면, 이제 7장은 그 숲을 이루는 '나무' 한 그루 한 그루를 들여다보는 작업이라고 할 수 있다. 서사, 기호학, 대화 및 담화 분석은 모두 텍스트가 어떻게 의미를 구성하고 독자를 설득하는가를 파악하려는 시도이다. 이는 텍스트의 형식과 구조, 언어적 장치, 서술 전략 등을 분석하여 미학적·기호적 층위에서 그 설득의 메커니즘을 밝히는 일이다. 즉, 6장과 7장은 모두 문헌을 대상으로 하는 질적 분석 방법이지만, 전자는 외부로 향한 비판적 독해, 후자는 내부로 향한 정밀한 해석이라는 점에서 다른 시각을 제공한다. 모든 일이 그렇듯, 이 또한 상호 보완적으로 결합될 가능성은 언제나 있고, 또 사실 그렇게 될 때 입체적 이해의 선명도가 향상되는 효과는 분명이 있다.

7.1 서사 분석

인간은 '이야기'를 통해 세상을 이해한다. 이러한 이야기를 학문적으로는 '서사' 또는 '내러티브'라고 한다. 서사 분석(Narrative Analysis)은 소설, 영화, 신화, 심지어 뉴스 기사에 이르기까지 '이야기(Narrative)'가 어떻게 구성되어 있으며, 어떤 구조를 통해 독자나 관객에게 특정한 감정과 의미를 전달하는지를 분석하는 연구 방법이다.

7.1.1 서사 분석의 의의

서사 분석은 단순한 줄거리 요약이 아니다. 그것은 이야기가 우리를 웃고 울게 만드는 보이지 않는 '문법'을 밝혀내는 작업이다. 이야기는 세상을 특정한 방식으로 짜깁기하여 보여준다. 어떤 사건을 먼저 보여주고 어떤 사건을 나중에 보여주는지, 누구의 시점에서 이야기를 전달하는지에 따라 우리의 현실 인식, 인과관계 판단, 도덕적 가치관은 달라진다. 이 문법을 이해함으로써, 우리는 텍스트가 어떻게 독자의 감정을 조작하고, 특정 가치관을 자연스럽게 설득하며, 나아가 사회적 인식을 형성하는지 비판적으로 이해할 수 있다.

7.1.2 서사 분석의 요소

이야기는 몇 가지 공통적인 요소로 구성된다. 서사 분석의 첫 단계는 이 요소들이 어떻게 배치되고 상호작용하는지를 중심으로 이루어진다. 그 이론적 배경은 20세기 초 러시아 형식주의에서 출발하여, 블라디미르 프롭, 츠베탕 토도로프, 제라르 주네트와 같은 구조주의 서사학자들에 의

해 체계화되었다.[37]

- **플롯 (Plot)**

플롯은 단순히 사건이 일어난 순서(스토리)가 아니라, 그 사건들이 '원인과 결과'의 관계로 어떻게 짜여 있는가를 의미한다. E.M. 포스터[38]의 유명한 비유처럼, "왕이 죽고 왕비가 죽었다(The king died and then the queen died)"는 사건의 시간적 나열인 스토리(story)이지만, "왕이 죽자 슬픔을 이기지 못한 왕비가 죽었다(The king died and then the queen died of grief)"는 사건의 논리적 인과관계를 보여주는 플롯(plot)이다. 연구자는 발단-전개-위기-절정-결말(예: 프라이타크의 피라미드, Freytag's Pyramid)[39]과 같은 전통적인 플롯 구조를 통해 텍스트의 갈등 구조와

37 블라디미르 프롭(Vladimir Propp): 러시아의 민속학자, 형식주의 문학 이론가. 『동화 형태론(Morphology of the Folktale)』(1928)에서 러시아 민담을 분석하여 모든 이야기 구조가 31개의 고정된 서사 기능으로 구성된다는 이론을 제시하였다. 그의 연구는 구조주의 서사 분석의 기초가 되었다.
츠베탕 토도로프(Tzvetan Todorov): 불가리아의 문학 이론가, 구조주의자. 『서사 구조의 문법(Grammaire du Décaméron)』과 같은 저작을 통해 서사의 기본 단위를 분석하고, 균형-혼란-해결로 이어지는 이야기 구조의 일반 모델을 제시하였다.
제라르 주네트(Gérard Genette): 프랑스의 문학 비평가이자 구조주의 서사 이론의 핵심 인물. 『서술 담론(Discours du récit)』(1972)에서 서술자의 시점, 시간, 서술 수준 등을 중심으로 서사의 형식적 구조를 체계화하였다. 그의 개념들은 현대 서사학(narratology)의 핵심 분석 도구로 자리잡고 있다.

38 E. M. 포스터(E. M. Forster, 1879–1970): 영국의 소설가이자 문학 비평가. 『하워즈 엔드』(Howards End, 1910), 『인도에 가다』(A Passage to India, 1924) 등으로 잘 알려져 있다. 비평서 『소설의 기법』(Aspects of the Novel, 1927)에서 소설의 구성 요소를 분석하며 스토리와 플롯의 차이를 구분하는 등 서사 이론에 중요한 통찰을 제공하였다.

39 프라이타크의 피라미드(Freytag's Pyramid)는 독일 극작가이자 소설가인 구스타프 프라이타크(Gustav Freytag, 1816–1895)가 저서 『극작술(Die Technik des Dramas, 1863)』에서 제시한 서사 구조 이론이다. 그는 고전 비극과 희곡을 분석하여 대부분의 이야기가

긴장감이 어떻게 형성되고 해소되는지를 분석할 수 있다. 또한, 중심 사건을 다루는 주 플롯(main plot)과 주변 인물들의 이야기를 다루는 부 플롯(subplot)이 어떻게 서로 영향을 주고받으며 주제를 다층적으로 만드는지 분석하는 것도 중요하다.

- **캐릭터 (Character)**

캐릭터는 가치관과 욕망을 대변하는 상징적 존재이다. 캐릭터 분석은 주인공(protagonist)과 적대자(antagonist)의 대립 관계, 주요 인물과 주변 인물의 역할, 그리고 각 인물이 어떻게 변화하고 성장하는지를 탐구한다. 특히 캐릭터가 입체적인 내면을 가지고 변화하는 '원형적 인물(round character)'인지, 아니면 하나의 특징으로만 대표되는 '평면적 인물(flat character)'인지 구분하는 것도 필요하다. 원형적 인물은 현실의 복잡한 인간상을 반영하는 반면, 평면적 인물은 종종 특정 사회 계층이나 이데올로기를 대표하는 유형으로 기능한다. 이를 통해 작품이 궁극적으로 어떤 가치를 옹호하고 비판하는지를 파악할 수 있다.

- **시점과 서술자 (Point of View & Narrator)**

이야기는 누군가의 목소리(서술자)를 통해 전달된다. 그 서술자가 모든 것을 알고 있는 '전지적 서술자'(omniscient narrator)[40]인지, 주인공의 눈

발단(Exposition) – 상승적 사건(Rising Action) – 위기(Climax) – 하강적 사건(Falling Action) – 결말(Dénouement)의 다섯 단계로 전개된다고 설명했다. 이러한 피라미드형 구조는 플롯의 긴장과 해소를 시각적으로 표현하는 데 유용하며, 현대 서사 분석에서도 여전히 중요한 도식으로 사용된다.

40 한국 문학교육에서는 '전지적 서술자'를 전통적으로 '전지적 작가 시점'이라고 부르며, 서술자가 인물의 내면과 사건의 전말을 모두 아는 서술 방식으로 설명한다.

으로만 세상을 보는 '1인칭 주인공 시점'(first-person protagonist)인지, 아니면 특정 인물의 시선에만 제한된 '3인칭 제한적 시점'(third-person limited)인지에 따라 독자가 얻게 되는 정보와 느끼는 감정은 달라진다. 여기에 부차적 인물이 주인공을 관찰하며 사건을 전하는 '1인칭 관찰자 시점'(first-person observer, 또는 주변인물 시점)도 중요한 유형이다. 예를 들어, 『위대한 개츠비』의 닉 캐러웨이처럼, 관찰자 시점은 독자에게 일정한 거리감을 유지하게 하면서도 서술자의 주관적 해석을 통해 사건에 대한 긴장감과 신뢰성의 문제를 제기한다. 특히 서술자가 의도적으로 정보를 숨기거나 왜곡하여 독자를 오도하는 '신뢰할 수 없는 서술자'인지 분석하는 것은 텍스트의 표면적 의미를 넘어 숨겨진 의도를 파악하는 열쇠가 된다.[41]

7.1.3 서사 구조 분석 예시

- **대중문화/시나리오: 영화 〈기생충〉**
  - 전반부의 코미디적 요소가 어떻게 후반부의 비극적 파국을 위한 복선으로 치밀하게 작동하는지 분석.
  - 반지하와 저택이라는 공간의 수직적 대비가 어떻게 계급 갈등이라

41 '신뢰할 수 없는 서술자(unreliable narrator)'는 독자가 서술자의 말이나 시각을 온전히 믿을 수 없도록 구성된 화자를 일컫는다. 이 개념은 웨인 부스(Wayne C. Booth)가 『소설의 수사학(The Rhetoric of Fiction)』(1961)에서 제시한 것으로, 서술자가 의도적으로 정보를 누락하거나 왜곡하거나, 혹은 인지·도덕적 한계를 지닌 인물로 설정될 때 사용된다. 대표적인 예로 『위대한 개츠비』(F. Scott Fitzgerald)의 닉 캐러웨이, 포의 「어셔가의 몰락」(The Fall of the House of Usher) 속 화자, 또는 『파이트 클럽』(Fight Club)의 1인칭 화자 등이 있다. 이 장치는 독자로 하여금 서사에 대해 비판적으로 거리 두기를 하게 만들고, 숨겨진 의미를 해석하도록 유도한다.

는 주제를 효과적으로 시각화하는지 분석.

- '지하실'이 이야기의 결정적 전환점(plot twist)으로서 기택 가족의 '계획'에 대한 구조적 절망을 상징하며 극의 긴장을 파국으로 치닫게 하는 과정 분석
- 극의 긴장을 고조시키는 '수석(scholar's rock)'이나 계급의 낙인을 상징하는 '냄새'와 같은 반복적 상징(motifs and symbols)들이 서사 전체에서 어떻게 반복되고 변주되며 주제 의식을 강화하는지 분석.

- **영문학: 조지 오웰 『1984』**
  - 주인공(윈스턴)의 일기라는 서술 장치가 전체주의 사회의 억압적 현실과 그에 저항하려는 개인의 내면을 어떻게 보여주는지, 서술 시점과 그 효과를 중심으로 분석.
  - 일기를 쓰는 행위는 감시로부터 벗어나려는 사적 공간의 확보이자, 통제된 언어(Newspeak)에 저항해 진실을 기록하려는 지적 실천으로 볼 수 있음을 분석.
  - 일기가 발각되어 스스로를 파괴하는 도구로 전환됨으로써, 개인의 저항이 체제 앞에서 무력해지는 과정을 서사의 비극성과 연결하여 분석.

- **화폐철학/언어학: 비트코인 백서(Bitcoin Whitepaper)**
  - 단순 기술 설명서가 아니라, 비트코인이라는 새로운 세계관을 설득하는 '창조 신화'로 작동하는 서사 구조를 가진다는 점을 분석.
  - '중앙화된 금융 시스템의 문제'(악)에 맞서, 'P2P 전자화폐 시스템'(선)이라는 해결책을 제시하는 구조는 전형적인 영웅 서사의 틀을 따른다는 점을 분석.

- '이중지불 문제'와 같은 기술적 난관을 '작업증명(Proof-of-Work)'이나 '해시캐시(Hashcash)'와 같은 기술적 용어로 해결해 나가는 서술 방식은, 독자에게 '해결책'으로 제시되며 시스템의 합리성과 신뢰성을 극적으로 부여하는 장치로 기능함을 분석.

7.1.4 문학 전공자의 전유물?

플롯이나 캐릭터, 서술자 같은 개념은 흔히 문학 분석에 국한된 도구로 여겨지기 때문에, 이러한 분석 방식이 논문 작성이나 인문학 일반 연구에 과연 필요한지 의아해할 수 있다. 그러나 서사 분석은 전통적 문학 텍스트를 넘어서, 철학적 논증, 기술 문서, 대중문화 담론, 사회운동의 담화 등 다양한 텍스트에서도 그 효과를 발휘한다. 모든 텍스트는 독자를 설득하기 위한 '이야기화' 전략을 동반하기 마련이며, 이를 해석하는 과정에서 서사 분석은 유용한 해석 도구가 되기 때문이다. 따라서 인문사회과학 분야의 논문을 쓰는 데 있어서도, 서사적 접근은 텍스트를 보다 정밀하게 읽고, 그 설득 논리와 이데올로기적 함의를 비판적으로 검토하도록 하는 시야를 제공한다. 분야별 활용 예시를 좀 더 살펴보자.

- **역사학: 누가, 어떤 '플롯'으로 역사를 서술하는가?**
  - '승자의 역사'는 특정 인물(영웅적 캐릭터)이 시련을 극복하고 국가를 건국하는 영웅 서사의 플롯을 따른다.
  - 반면, 민중사나 소수자 역사는 기존 서사의 주변부 캐릭터를 주인공으로 내세워 완전히 다른 플롯과 시점으로 역사를 재구성한다. 역사가 곧 서사들의 전쟁터인 셈.

- **정치학/미디어학: 정치와 뉴스는 어떻게 대중을 설득하는가?**
  - 정치인은 자신을 '국민을 구원할 주인공', 상대방을 '나라를 망칠 적대자'로 설정하는 캐릭터 구도를 만든다.
  - 언론 보도는 특정 사건을 '발단-위기-절정'의 플롯으로 구성하여 긴장감을 높이고, 특정 시점을 통해 여론에 영향을 미친다. 프레임 분석이 바로 서사 분석의 일종.

- **사회학/인류학: 개인과 집단은 자신의 정체성을 어떻게 이야기하는가?**
  - 질병을 겪는 환자의 투병기, 사회적 소수자의 생애, 특정 사회 운동의 형성 과정 등은 모두 서사이다.
  - 연구자는 플롯(어떤 사건을 중요하게 여기는가), 캐릭터(자신을 어떻게 규정하는가), 갈등 구조를 분석하여 개인과 집단의 정체성, 가치관, 세계관을 심층적으로 이해할 수 있다.

- **법학: 법정은 서사가 충돌하는 전쟁터다**
  - 검사와 변호사는 동일한 증거(사건)를 가지고 전혀 다른 플롯과 인과관계를 가진 이야기를 구축하여 배심원(독자)을 설득한다.
  - 피고인과 피해자를 어떤 캐릭터로 묘사하는지, 어떤 시점에서 사건을 재구성하는지에 따라 판결이 달라질 수 있다.

- **철학/경제학: 추상적 이론은 어떻게 이야기의 옷을 입는가?**
  - 철학적 논증은 가상의 상황을 설정하는 '사고 실험(Thought Experiment)'이라는 서사를 활용한다.
  - '보이지 않는 손'이나 '합리적 행위자' 같은 경제학 개념은 특정 가치관을 전제하는 캐릭터 설정으로 볼 수 있다.

7.2 기호학적 분석

서사 분석이 이야기의 구조와 흐름을 따라가는 분석이라면, 기호학적 분석(Semiotic Analysis)은 텍스트를 구성하는 기호(sign)들이 의미를 생산하고 이데올로기를 전달하는 원리를 들여다보는 것이다.

7.2.1 기호학이란 무엇인가?

기호학의 핵심 전제는, 우리가 접하는 세상의 모든 것(단어, 이미지, 소리, 심지어 음식까지[42])이 그 자체로 필연적 의미를 갖는 것이 아니라, 특정 문화권 안에서 약속된 기호로서 작동한다는 것이다. 기호학 분석은 이러한 기호가 의미를 만들어내는 체계를 밝히는 작업이다. 우리가 빨간색 신호등 앞에서 멈추는 것은 빨간색 자체에 정지의 의미가 내재되어 있기 때문이 아니다. 그것은 우리 사회가 '빨간색=정지'라는 규칙을 공유하고 있기 때문이다. 기호학은 우리가 무심코 지나치는 이미지와 상징들 속에 숨겨진 사회문화적 의미와 이데올로기를 읽어내는 것을 목표로 한다.

42 롤랑 바르트(뒤에서 소개함)는 『신화론(Mythologies)』에서 스테이크가 프랑스 사회에서 남성성과 민족 정체성을 상징하는 기호로 작동한다고 했다. 이처럼 특정 음식은 특정 집단의 가치, 계급, 전통, 이데올로기를 표상하며, 따라서 음식 또한 기호학적 분석의 대상이 된다. 현대 문화기호학(cultural semiotics)과 사회기호학(social semiotics)은 음식, 패션, 공간 설계 등 일상적 사물과 실천을 기호 체계로 간주하고 그 의미 작용을 분석한다.

7.2.2 기호학 분석의 주요 개념

- **소쉬르[43]: 기표, 기의**

소쉬르에 따르면, 기호는 두 가지 요소로 이루어져 있다.

- 기표(Signifier): 기호의 물질적인 형태. 즉, 우리가 보고 듣는 소리나 이미지 그 자체이다. (예: '나무'라는 소리, 라는 이미지)
- 기의(Signified): 그 기표가 가리키는 정신적인 개념. (예: 우리가 '나무'라는 소리를 듣고 머릿속에 떠올리는 나무의 관념)

기호학 분석의 핵심은 이 둘의 관계가 결코 자연적이거나 필연적인 것이 아니라, 사회적 약속에 의해 '자의적(arbitrary)'으로 연결되어 있다는 점이다. '나무'라는 소리가 '나무'라는 개념을 가리켜야 할 필연적인 이유는 없다. 만약 우리 사회가 다른 약속을 했다면, '나무'라는 소리는 전혀 다른 것을 의미했을 수도 있다. 이 자의성의 원리는 언어와 문화가 고정된 것이 아니라는 점을 보여준다.

- **퍼스[44]: 도상, 지표, 상징**

퍼스는 그 대상과 맺는 관계에 따라 기호를 세 가지로 분류했다.

43 페르디낭 드 소쉬르(Ferdinand de Saussure, 1857–1913)는 스위스의 언어학자로, 현대 구조주의 언어학의 창시자로 일컬어진다. 사후 출간된 『일반 언어학 강의』(Cours de linguistique générale)는 기호학뿐 아니라 구조주의, 포스트구조주의, 문화 연구 등 다양한 분야에 지대한 영향을 끼쳤다.

44 찰스 샌더스 퍼스(Charles Sanders Peirce, 1839–1914)는 미국의 철학자이자 논리학자로, '기호학(semiotics)'이라는 용어를 학문적으로 체계화한 인물 중 하나이다. 그는 인간의 인지와 의사소통이 기호를 통한 해석 과정, 곧 '기호작용(semeiosis)'에 기반한다고 보았다. 특히 연역(deduction), 귀납(induction)과 더불어 '가설적 추론(abduction)'을 제시하며, 새로운 가설이 어떻게 형성되는지를 설명했다.

- 도상(Icon): 기표와 대상이 '닮음'의 관계에 있는 기호. (예: 사람의 얼굴을 그린 초상화, 스마트폰의 사진 아이콘)
- 지표(Index): 기표와 대상이 '인과관계'나 '인접성'으로 연결된 기호. (예: 연기는 불의 지표, 발자국은 지나간 사람의 지표)
- 상징(Symbol): 기표와 대상의 관계가 순전히 사회적 '약속'과 '규칙'에 의해 정해진 기호. 소쉬르의 자의적 기호와 유사하다. (예: 비둘기가 평화를 상징하는 것, 국기가 국가를 상징하는 것)

• **바르트[45]: 지시, 함축**

바르트는 기호의 의미 작용이 두 층위에서 일어난다고 보았다.

- 지시(Denotation): 기호의 1차적이고 사전적인 의미로, 객관적이고 중립적인 층위다. (예: '비둘기'라는 단어는 조류의 한 종을 지시한다.)
- 함축(Connotation)
  ① 기호가 특정 사회적·문화적 맥락 속에서 갖게 되는 2차적 의미로, 종종 이데올로기적 함의를 담는다. (예: '비둘기'는 서구 문화권에서 '평화'의 상징이 된다.)
  ② 기호학적 분석은 특히 이 함축적 의미에 주목하며, 대중매체나 광고는 이러한 함축 의미를 활용하여 특정한 가치나 세계관을 자

45 롤랑 바르트(Roland Barthes, 1915–1980)는 프랑스의 문학 이론가이자 기호학자, 문화비평가로, 현대 인문학 전반에 영향을 끼친 인물이다. 초기에는 구조주의 기호학을 통해 문학 텍스트와 대중문화를 분석했으며, 후기에는 텍스트의 다의성과 독자의 역할을 강조하는 포스트구조주의적 입장으로 나아갔다. 대표 저작으로는 『글쓰기의 무표식성』(1953), 『신화론』(1957), 『기호의 제국』(1970), 『텍스트의 쾌락』(1973) 등이 있으며, 특히 『신화론』에서는 광고, 음식, 스포츠 등 일상적 기호 속에 내재한 이데올로기를 비판적으로 분석하였다. 그의 이론은 문화기호학과 텍스트 이론의 발전에 기여하였다.

연스러운 것으로 받아들이게 한다.

③ 바르트는 함축된 의미가 너무나 자연스러워져 비판 없이 받아들여지는 상태를 '신화(Myth)'라고 했다. 신화는 이데올로기를 '상식'으로 포장하여 사람들에게 그 의미가 사회적 구성물임을 잊게 한다. 바르트의 기호학적 비평은 이처럼 자연스러워 보이는 신화를 해체하고 그 배후에 숨은 이데올로기를 드러낸다.

7.2.3 인문학 연구 예시

- **대중문화: 고급 자동차 광고에 대한 기호학적 분석**
  - 광고는 자동차의 성능(지시적 의미)만을 보여주지 않는다.
  - 모델의 세련된 옷차림, 고급스러운 저택, 한적한 해안 도로와 같은 기표들은 자동차라는 상품에 '성공', '자유', '높은 사회적 지위'라는 함축적 의미를 덧씌운다.
  - 광고는 "이 차를 소유하면, 당신도 이러한 성공적인 삶을 누릴 수 있다"는 신화를 만들어낸다.
  - 기호학적 분석을 통해 특정 라이프스타일에 대한 욕망을 판매하고, 성공에 대한 특정 이데올로기를 강화하는 방식을 드러낸다.

- **화폐철학: 지폐 디자인에 대한 기호학적 분석**
  - 지폐에 그려진 인물(왕, 과학자, 예술가), 상징물(독수리, 피라미드), 건축물 등은 단순 장식이 아니다.
  - 이러한 기표들은 해당 국가가 중요하게 다루는 역사, 정체성, 가치(예: 권위, 민주주의, 과학 기술)라는 기의를 담고 있다.
  - 예를 들어, 미국 달러화에 'In God We Trust'라는 문구가 새겨져 있

는 것은, 국가의 경제적 신뢰를 종교적 믿음이라는 절대적 가치와 연결하려는 기호학적 장치로 해석할 수 있다.
- 화폐가 국가의 이데올로기를 일상 속에서 전파하는 매체임을 보여준다.

- **사회언어학: 특정 집단의 사투리나 은어에 대한 기호학적 분석**
  - 청소년들이 사용하는 줄임말이나 신조어는 집단의 정체성을 드러내고 기성세대의 언어 규범에 저항하는 기호로 기능한다.
  - 특정 발음이나 억양(기표)이 특정 지역 출신이나 사회 계층(기의)을 나타낸다.
  - 나아가 '세련됨' 또는 '촌스러움'과 같은 함축적 의미를 획득하는 과정은, 언어 속에 담긴 사회적 편견과 권력 관계를 보여주는 분석 대상이 된다.

7.3 대화 및 담화 분석

7.3.1 담론, 담화, 비판적 담화 분석

Discourse Analysis는 한국어로 '담론 분석' 또는 '담화 분석'으로 번역되며, 이 때문에 종종 혼란이 생긴다. '담화 분석'은 주로 언어학적·대화 분석 등 미시적 언어 현상을 다루는 연구에서, '담론 분석'은 사회비평·철학적 분석 등 거시적 사회 구조를 다루는 연구에서 사용되는 경향이 있다. 엄격한 학문적 규칙은 아니고, 분야별 관행과 번역 습관에서 비롯된 경향이다.

- **푸코적 담론 분석** (Foucauldian Discourse Analysis)

  6.3에서 다룬 것처럼, 거시적이고 철학적인 관점에서 사회 속 권력과 지식이 서로를 구성하며 '무엇이 말해질 수 있는가'를 규정하는 방식을 살펴본다.[46] 이를 통해 특정 시대나 사회에서 어떤 담론이 형성되고 유지되는지, 그리고 그 담론이 사람들의 사고와 행동을 어떻게 제한하거나 가능하게 하는지를 분석한다.

- **대화/언어학적 담화 분석** (Conversation/Linguistic Discourse Analysis)

  이 절에서 주로 다루는 내용으로, 미시적이며 언어학적인 관점에서 실제 발화나 텍스트의 내부 구조와 상호작용 메커니즘을 분석한다. "사람들이 실제로 어떻게 말하는가?"에 집중하는 것이다.

  - 대화 분석 (Conversation Analysis, CA): 두 사람 이상이 대화를 주고받는 구체적 발화 단위(turn)의 미세한 구조를 분석하는 사회언어학적 접근이다. 일상 대화뿐 아니라 인터뷰, 회의, 재판 기록 등 실제 발화 데이터를 대상으로, 발화 순서, 끼어들기, 침묵, 억양 변화 같은 세부 요소를 살핀다.
  - 담화 분석 (Linguistic Discourse Analysis): 대화 분석보다 범위가 넓어, 단일 화자의 긴 발화나 글(예: 연설문, 신문기사, 학술논문)에도 적용된다. 문장과 문장이 어떻게 연결되어 하나의 통일된 의미를 만드는지, 그 구조적 장치(응집성·일관성 등)를 중심으로 분석한다.

46 여기서 '무엇이 말해질 수 있는가'란, 원하면 무엇이든 말할 수 있다는 뜻이 아니라, 그 사회의 권력 구조와 규칙이 허용하는 범위 안에서만 발언이 가능하다는 의미다. 예컨대 중세 유럽에서는 "지구가 태양 주위를 돈다"는 말이 과학적으로는 가능했지만, 종교 권위에 의해 공식적으로는 금기시되었다. 마찬가지로 현대의 어떤 조직에서는 특정 비판이나 의문 제기가 사실상 불가능할 수 있다.

- **비판적 담화 분석 (Critical Discourse Analysis, CDA)**

  6.3.4에서 다룬 바와 같이, CDA는 미시적 분석과 거시적 분석의 경계를 잇는 방법론이다. 텍스트의 세부 구조와 언어 사용 방식을 정밀하게 분석('나무')하되, 그 결과를 사회적 불평등, 권력 관계, 이데올로기와 같은 거시적 맥락('숲')과 연결해 해석한다. 즉, 언어의 미세한 선택 하나하나가 어떻게 사회 구조를 재생산하거나 도전하는지를 밝히는 데 초점을 맞춘다.

7.3.2 대화 및 담화 분석의 실제

대화 및 담화 분석은 사람들이 언어를 사용하여 어떻게 사회적 행위를 하고(예: 약속하기, 거절하기), 관계를 형성하며, 의미를 협상하는지 탐구하는 방법이다. 대화 녹취록, 인터뷰 전사 자료, 온라인 채팅 기록 등을 분석 대상으로 삼는다. 주요 분석 항목은 다음과 같다.

- **발화 교대**
  - 발화 교대(Turn-taking)는 참여자들이 발화의 시작과 끝을 미세한 신호로 조율하는 정교한 사회적 기술이다.
  - 발화의 겹침(overlap), 가로채기(interruption), 침묵(pause) 등은 대화 참여자 간의 권력 관계나 친밀도를 드러내는 단서가 된다.
  - 예를 들어, 누가 대화를 주도하는지, 누구의 발화가 자주 끊기는지를 분석하면 두 사람의 위계나 관계 역학을 파악할 수 있다.

- **인접쌍**
  - 인접쌍(Adjacency Pairs)은 대화의 기본 단위로, 특정한 첫 번째 발화에 대해 예측 가능한 두 번째 발화가 따라오는 구조를 말한다.

- 대표적 유형으로 '질문–대답', '인사–응답', '제안–수락 또는 거절', '사과–용서' 등이 있으며, 이는 사회적 상호작용을 조직하는 메커니즘이다.
- 특히 첫 번째 발화에 대해 기대되는 응답(preferred response)과 그렇지 않은 응답(dispreferred response)의 차이를 분석하는 것이 중요하다. 예컨대 초대에 대한 '수락'은 선호 응답으로 빠르게 이어지는 반면, '거절'은 종종 망설임, 완곡한 표현, 설명 등의 전략을 동반하며 나타난다.
- 이러한 응답 방식은 참여자 간의 관계, 사회적 규범, 대화의 맥락을 반영한다.

- **수정**
  - 화자 스스로 하는 '자기 수정(self-repair)'과, 상대방의 말을 고쳐주거나 되묻는 '타인 수정(other-repair)'이 있다.
  - 수정의 시점, 주체, 방식 등을 분석함으로써, 참여자들이 어떤 발화를 문제가 있다고 인식했는지, 그리고 그 상황을 어떻게 공동으로 이해하고자 하는지를 밝힐 수 있다.

- **응집성과 일관성**
  - 응집성(Cohesion)은 문장과 문장을 표면적으로 연결하는 장치로, 대명사(그, 그녀), 접속사(그리고, 하지만), 지시사(이, 저), 동의어나 생략 등 중복 회피 장치가 포함된다.
  - 일관성(Coherence)은 문장들이 의미상으로 조화를 이루며, 텍스트 전체가 독자에게 논리적이고 개연성 있는 흐름으로 이해되는 정도를 말한다.

- 응집성이 높다고 해서 반드시 일관성이 확보되는 것은 아니다. “배고프다. 식당 가자.”처럼 연결어가 없어도 맥락이 자연스러우면 일관성은 유지된다. 반대로 응집 장치가 잘 쓰였더라도 맥락이 비약적이면 일관성이 무너질 수 있다.
- 담화 분석에서는 응집성과 일관성이 함께 작동해 어떤 방식으로 텍스트를 ‘의미 있는 전체’로 만드는지 파악한다. 이는 연설문, 뉴스 기사, 인터뷰 전사 등에서 논리 흐름과 설득 전략을 분석하는 기준이 된다.

7.3.3 인문학 연구 예시

- **언어학/교육학: 교실 수업 대화 녹취록**
  - 교사의 발문 유형이 학생들의 참여도와 사고력에 어떻게 영향을 미치는지 분석.
  - 교사가 주로 단답형 대답을 요구하는 ‘닫힌 질문’을 사용하는지, 아니면 학생들의 다양한 생각을 이끌어내는 ‘열린 질문’을 사용하는지에 따라 교실의 상호작용 양상이 어떻게 달라지는지를 밝힐 수 있다.
  - 또한, 학생들이 교사의 질문을 이해하지 못했을 때 어떤 ‘수정(repair)’ 전략을 사용하는지 분석하여 효과적인 교수법 개발에 기여할 수 있다.

- **대중문화: TV 토론 프로그램 대본**
  - 토론자들이 상대방의 발언에 동의하거나 반대할 때 어떤 언어적 전략을 사용하는지 분석.
  - ‘네, 하지만’과 같이 부분적으로 동의하며 자신의 주장을 펼치는 방

식, 혹은 상대방의 말을 직접적으로 반박하지 않고 화제를 전환하는 방식 등을 통해 토론의 승패가 어떻게 언어적으로 결정되는지를 탐색할 수 있다.
- 토론자들이 상대의 발화 순서를 가로채거나 양보하는 것을 분석하면, 토론 전략과 권력 관계를 파악할 수 있다.

- **화폐철학/언어학: 암호화폐 온라인 커뮤니티 질의응답(Q&A) 게시글**
  - 전문가와 초보자 간 지식 비대칭이 질문과 답변의 구조에 어떻게 나타나는지 분석.
  - 초보자의 질문(모호하고 광범위), 전문가(고수)의 답변(간결하고 권위적인 어조) 형태, 혹은 질문의 형태를 교정하는 방식 등을 분석하여, 커뮤니티 내 암묵적인 지식 권력 구조를 밝힐 수 있다.

7.4 해석의 타당성

텍스트 분석을 수행하는 연구자는 틀림없이 '해석의 주관성' 문제에 직면할 것이다. 자신의 분석이 논리적 비약이나 자의적 주장이 아니라, 학문적 기여가 되기 위해서는, 해석의 '타당성(validity)'을 확보해야 한다.

7.4.1 텍스트에 기반한 증거 제시

해석이 텍스트 자체의 구체적 증거로 뒷받침되어야 한다는 것은 타당성 확보의 제1원칙이다.

- **밀착 분석**

  해석의 근거를 텍스트 내부에서 찾으려는 시도로서, 텍스트의 특정 세부 요소가 그러한 해석을 가능하게 하는지 구체적으로 설명하는 것을 말한다. 문학 비평에서 발전한 밀착 분석(Close Reading)은 텍스트를 하나의 완결된 구조로 보고, 그 안에서 어휘, 이미지, 비유, 문장 구조와 같은 형식적 장치들이 어떻게 유기적으로 작용하여 의미를 형성하는지에 집중한다.

적용 예시: 영화 〈기생충〉의 계급 갈등 분석

- 모호한 주장

> 봉준호 감독은 〈기생충〉에서 계급의 차이를 시각적으로 잘 보여준다.

- 구체적 분석

> 봉준호 감독은 영화 전반에 걸쳐 '계단'이라는 시각적 모티프를 반복적으로 사용, 계급의 수직적 위계를 형상화한다. 기택(송강호) 가족이 폭우 속에서 박 사장(이선균)의 저택에서 자신들의 반지하 집으로 향하는 시퀀스를 예로 들어보자. 카메라는 인물들을 따라 끊임없이 아래로 향하는 계단을 비춘다. 이는 물리적 공간의 하강일 뿐만 아니라, 사회적 지위의 절망적인 추락을 시각적으로 구현한 장치다. 이처럼 '계단 시퀀스'의 촬영 구도와 인물의 동선은 계급 이동의 불가능성이라는 영화의 핵심 주제를 뒷받침하는 텍스트적 증거이다.

• **인용의 전략적 활용**

인용은 분석의 끝이 아니라, 상세한 분석이 시작되는 지점이다. 인용된 구절의 어떤 어휘, 구문, 서술 방식이 연구자의 주장을 뒷받침하는지 상세히 해설해주어야 한다.

적용 예시: 김영하 소설 『살인자의 기억법』의 화자 분석

"화자가 살인 행위를 떠올리며 무미건조한 사실처럼 서술하는 장면"

- 분석 없는 제시

소설에는 화자의 윤리관을 보여주는 대목이 여러 번 나온다.

- 분석을 동반한 설명

이 대목에서 주목할 것은 살인이라는 극단적 행위를 묘사하면서도 어떤 감정적 표현도 사용하지 않는 건조하고 객관적인 서술 방식이다. 이는 화자가 자신의 행위를 도덕적 판단에서 분리시키고 있으며, 기억의 왜곡을 통해 스스로를 방어하고 있음을 보여준다. 이러한 감정의 소거는 '신뢰할 수 없는 화자'로서 주인공의 특성이 드러나는 지점이다.

7.4.2 맥락 속에 위치시키기

텍스트 내부 분석만으로 주장을 펼치기 어려운 경우도 생긴다. 이럴 때는, 역사, 사회, 문화 등의 맥락을 끌어와야 할 때가 있다. 이처럼 텍스트를 둘러싼 맥락의 층위를 깊이 있게 탐색하고 기술하는 것을 정밀 묘사

(Thick Description)라고 한다.[47]

- **역사·문화적 맥락**

적용 예시: 1990년대 한국 대중가요 가사 연구

서태지와 아이들의 '하여가'를 텍스트로만 분석하는 것에는 한계가 있다. 1990년대 초반이라는 시대적 배경, 즉 'X세대'라는 새로운 청년 문화의 등장, 기성세대에 대한 반발, 그리고 해외 대중문화의 급격한 유입이라는 사회·문화적 맥락과 연결되어야 한다. '하여가'의 파편적이고 탈의미적인 가사는 이렇듯 당대의 문화적 의미망 속에서 묘사될 때, 텍스트의 저항적 의미가 설득력을 얻게 된다.

- **작가 및 장르의 맥락**

적용 예시: 드라마 〈비밀의 숲〉의 장르적 특징 분석

이수연의 드라마 〈비밀의 숲〉이 한국 장르물에서 갖는 위상을 분석하기 위해, 이 작품을 후속작인 〈라이프〉와 비교하여 사회 시스템의 문제를 파고드는 작가의 일관된 주제 의식을 논할 수 있다. 또한, 동시대의 다른 검찰 드라마와 비교하여 〈비밀의 숲〉이 클리셰적인 선악 구도를 탈피하고, 감정이 배제된 주인공을 통해 시스템 자체를 해부하는

47 인류학자 클리퍼드 기어츠(Clifford Geertz)는 『문화의 해석』(1973)에서 정밀 묘사 개념을 제시하며, 발리 사람들의 닭싸움(cockfight)을 오락이나 잔혹한 행위로 보지 않고, 사회적 지위, 남성성, 명예 등의 상징이 얽힌 의미의 그물망(web of significance)로 해석했다. 문화 분석이 표면적 관찰을 넘어, 상징과 맥락의 해석임을 강조한 것이다.

장르적 변주를 어떻게 시도했는지 분석함으로써 논문의 설득력을 높일 수 있다.

7.4.3 논증의 내적 일관성

텍스트 분석이 설득력을 가지기 위해서는 논문 전체를 일관된 논리 구조로 조직해야 한다. 부분의 해석은 전체와 조응해야 하며 주장은 자기 모순 없이 전개되어야 한다.

- **부분과 전체의 조화: 반대 증거의 통합적 처리**

  연구자는 자신의 주장에 유리한 장면만을 제시해서는 안 된다. 텍스트에 존재하는 반대 정보나 예외 사례까지도 분석의 틀 안에서 설명할 수 있을 때, 해석의 설득력은 강화된다.

  적용 예시: 예능 프로그램 〈나 혼자 산다〉의 1인 가구 재현 방식 분석

  연구자가 "〈나 혼자 산다〉는 1인 가구의 삶을 소비 중심의 화려한 판타지로 재현한다"고 주장할 경우를 가정. 그런데 일부 출연자가 외로움이나 경제적 어려움을 호소한다. 이때, 정교한 논증은 이 반례를 넘어가지 않고, 다음과 같이 통합할 것이다.

  > 물론 〈나 혼자 산다〉는 때때로 출연자의 외로움이나 생활고를 언급한다. 그러나 이러한 장면들은 곧이어 여행, 고가의 소비, 셀럽과의 교류 등 비현실적인 장면들로 상쇄된다. 이때 시청자가 기억하게 되는 것은 '극복된 고통'과 '보상받은 일상'이다. 결과적으로 프로그램은 오히려 성공한 1인 가구라는 서사를 강화한다.

- **내적 모순 회피**

  서론에서 제기한 문제의식과 본론의 분석, 그리고 결론의 주장이 서로 다른 방향을 가리켜서는 안 된다. 예를 들어, 연구 대상 시인의 작품 세계를 '현실에 대한 치열한 저항 의식'으로 규정했다가, 개별 작품 분석에서는 아무런 설명 없이 '자연으로의 도피'라는 측면만 나열한다면 논문 전체의 논리적 신뢰도는 무너지고 말 것이다.

실제

Part 03

8장 개요 작성
9장 서론 쓰기
10장 본론 쓰기
11장 결론 쓰기

8장

개요 작성

개요(Outline) 작성은 본격적인 집필에 들어가기 전에 논문의 전체 구조와 전개 순서를 미리 설계하는 과정이다. 개요는 글의 방향과 논리적 흐름을 사전에 점검하게 해 주어, 집필 도중 불필요한 탈선이나 중복을 줄이고 논문 전체의 통일성을 유지하게 한다.

8.1 서론, 본론, 결론

논문은 기본적으로 '서론-본론-결론'으로 구성된다. 개요 작성의 첫 단계는 이 세 부분이 각자의 역할을 충실히 수행하면서도, 서로 유기적으로 연결되도록 설계하는 것이다.

8.1.1 서론: 안내 지도

서론(Introduction)의 목표는 독자에게 이 논문이 '무엇을(What)', '왜(Why)', '어떻게(How)' 탐구할 것인지 보여주는 것이다. 서론에는 보통 다음 요소들이 포함된다.

(1) 문제 제기 (Hook)

연구가 다루는 주제가 왜 중요한지 배경을 설명하며 독자의 흥미를 유발한다.

(2) 선행 연구 검토 및 연구의 빈틈(Gap) 제시

기존 연구의 내용과 한계를 요약한다. 이를 통해 내 연구가 기존 논의의 어떤 빈틈을 메우고자 하는지 그 필요성을 설득력 있게 제시한다.[48]

(3) 연구 목적 및 질문

논문이 궁극적으로 밝히고자 하는 목적과 핵심 연구 질문을 명시한다.

(4) 논문의 구성 안내

본론과 결론이 어떤 순서와 내용으로 전개될 것인지를 간략하게 안내하여, 독자가 논문의 전체 구조를 파악할 수 있도록 돕는다.

실제 서론은 언제 쓰나?

연구자마다 차이는 있지만 논문을 많이 써본 사람들은 종종 "서론을

48 선행 연구 검토의 위치는 글의 성격에 따라 유동적으로 결정된다. 짧은 논문이나 보고서에서는 서론에 포함하여 간결하게 다루는 경우가 많으나, 학위논문이나 학술지 논문처럼 이론적 배경과 논의가 복잡한 경우에는 별도의 장(예: 제2장 이론적 배경)으로 분리하여 서술하는 것이 일반적이다.

마지막에 쓰라"고 조언한다. 글을 쓰는 과정에서 생각이 바뀌고 논증이 더 정교해지기 때문이다. 무척이나 현실적이고 유용한 팁이다. 위에서 언급한 서론의 요소들은 개요 단계에서 연구의 방향을 잡기 위한 것들이다.

8.1.2 본론: 주장을 증명하는 핵심 논증

본론(Body)은 서론에서 제시한 핵심 주장을 구체적 근거와 분석을 통해 증명하는 논문의 심장부이다. 물론, 실제 학위논문이나 학술지 논문에서 장 제목을 '본론'이라고 쓰는 경우는 없다. '본론'은 논문의 구조를 설명하기 위해 사용한 개념상 용어일 뿐, 실제로는 '이론적 배경', '연구 방법', '분석 결과' 등 각 장의 내용을 명확히 보여주는 구체적인 제목이 붙는다.

본론의 각 부분은 핵심 주장을 뒷받침하는 소주장(sub-argument)들로 구성되며, 각 소주장은 구체적인 데이터와 텍스트 분석을 통해 입증된다. 본론을 구성할 때는 논리적 흐름이 무엇보다 중요하다. 분석을 나열하는 것이 아니라, 앞선 내용이 자연스럽게 다음 내용의 근거가 되도록 체계적으로 배열해야 한다. 시간 순서에 따른 전개, 일반적인 내용에서 구체적인 내용으로의 전개, 혹은 문제 제기-원인 분석-해결 방안 제시와 같은 논리적 순서를 따를 수 있다.

8.1.3 결론: 연구의 완성 및 새로운 시작

결론(Conclusion)은 본론의 내용을 요약하는 것과 아울러 논증을 최종적으로 완성하고, 연구의 학문적·사회적 의미를 제시하며, 미래 연구를 위한 질문을 던지는 역할을 한다.

(1) **논증 요약 및 핵심 주장 재확인**

본론의 핵심적인 논증 과정을 요약하고, 이를 통해 서론에서 제시했던 핵심 주장이 어떻게 증명되었는지를 다시 한번 명확하게 강조한다.

(2) **연구의 함의(Implications) 및 기여**

연구 결과가 학문적으로 어떤 기여를 하는지, 그리고 사회적으로는 어떤 실천적 의미를 가지는지를 설명한다. "그래서 이 연구가 왜 중요한가?"라는 질문에 대한 최종적인 답변이다.

(3) **연구의 한계 및 후속 연구 제언**

어떤 연구도 완벽할 수는 없다. 자신의 연구가 가진 한계(예: 분석 대상의 범위, 특정 방법론의 한계 등)를 인정하고, 이를 보완하기 위한 후속 연구의 방향을 제안한다.

8.1.4 개요 예시

구체적인 개요 사례를 몇 가지 살펴보자. 연구 분야나 글의 종류(학위논문, 학술지 논문 등)에 따라 구조가 어떻게 달라지는지 비교해 보면, 자신의 연구에 맞는 설계도를 구상하는 데 도움이 될 것이다.[49]

49 개요(Outline)와 목차(Table of Contents)는 서로 비슷하다고 생각할 수 있으나, 성격과 목적이 다르다. 개요는 글을 쓰기 전, 각 장·절의 핵심 주장, 전개 방식, 근거, 분석 방법 등을 간략히 설계한 연구자 자신 (또는 지도교수) 이 참고할 구상안으로, 메모·키워드 중심으로 작성된다. 반면 목차는 완성된 논문의 구조를 장·절 제목 중심으로 정리한 최종 형태로, 독자가 논문의 전체 흐름을 한눈에 파악하도록 한다.

[예시 1] **문화연구 석사 논문**

제목: K-드라마 수용에서 감정노동의 재현 방식 연구

1장 서론

- 연구 배경: K-드라마 해외 수용 확대, 감정노동 개념의 대중문화 적용 필요성
- 연구 질문: K-드라마 속 감정노동은 어떻게 재현되며, 수용자는 이를 어떻게 해석하는가?
- 연구 방법: 드라마 분석 + 해외 시청자 인터뷰

2장 이론적 배경

- 감정노동 개념(호크실드) 정리
- 대중문화 수용 연구의 주요 논의

3장 선행 연구 검토

- 감정노동과 미디어 연구 동향
- 기존 연구의 한계: 해외 수용자의 시각 부재

4장 사례 분석[50]

- 〈미생〉: 직장 내 감정노동 장면 분석 (대사, 표정, 연출 기법)
- 〈사랑의 불시착〉: 국경 · 문화 차이에 따른 감정노동의 변형된 의미

50 논문의 구조는 일반적으로 '장(chapter)–절(section)–항(subsection)'의 위계 체계를 따른다. 이러한 구조화는 논증을 세분화하여 독자가 중심 주장과 그에 대한 세부 근거를 단계적으로 파악할 수 있도록 한다. 위의 사례에서, 제4장이 '사례 분석'이라면, 그 하위 절은 '4.1. 〈미생〉의 감정노동 재현', '4.2. 〈사랑의 불시착〉의 감정노동 재현' 등으로 나뉘며, 각각의 절은 다시 '4.1.1. 오피스 공간에서의 수행', '4.1.2. 사적 관계에서의 전이'와 같이 항 수준으로 구체화될 수 있다. 필요에 따라 항을 더 세분화한 '목(sub–subsection)' 단계를 설정할 수도 있으나, 글의 구조가 지나치게 세밀해지면 독자의 흐름을 오히려 방해할 수 있다. 실제로는 학술지 논문이나 학위논문에서도 '장–절–항' 수준까지만 사용하는 경우가 대부분이며, '목' 단계는 본문의 내용이 매우 복잡하거나 분석 단위가 많은 경우에만 제한적으로 활용된다.

5장 결론

- 분석 결과 요약
- 학문적·사회적 함의
- 한계 및 후속 연구 제언

[예시 2] **역사학 박사 논문**

제목: 일제 강점기 하의 조선 여성 교육 담론에 대한 비판적 분석

- 연구 주제 및 목적: 일제 강점기 조선 여성 교육 담론을 비판적으로 분석하여, 식민지 지배와 젠더 규범의 관계를 규명한다.
- 이론과 방법론: 푸코의 담론 분석과 페미니즘 비판 이론을 결합하여, 정책 담론과 대중 담론을 함께 분석한다.
- 선행 연구 검토: 기존 여성사·교육사 연구의 성과와 한계를 정리하고, 본 연구의 차별성을 제시한다.
- 사례 분석 1: 1910~1930년대 조선총독부의 여성 교육 정책 변화를 검토하고, 정책의 목적과 권력 작동 방식을 분석한다.
- 사례 분석 2: 동시기 여성 잡지의 교육 관련 글을 분석하여, 제도 담론과 대중 담론의 상호작용 및 여성 주체성의 규정 방식을 파악한다.
- 결론: 여성 교육 담론이 근대 한국의 여성상 형성에 미친 영향과 오늘날 젠더·교육 논의에 주는 함의를 제시한다.

[예시 3] **문학 연구 단편 논문**

제목: 『무진기행』에 나타난 공간의 심리적 상징성

- 연구 목적: 공간 묘사와 인물 심리의 상징적 연관성 분석
- 연구 배경
  - 한국 현대문학에서 공간 연구 필요성

- 『무진기행』의 공간 해석 한계

• 이론적 틀: 공간·주체 개념

• 분석 내용

- 무진, 서울, 안개, 방 등 주요 공간

- 공간과 내면 변화·서사 전개 연결

• 결론: 공간–심리 상관관계의 주제적·해석적 의미[51]

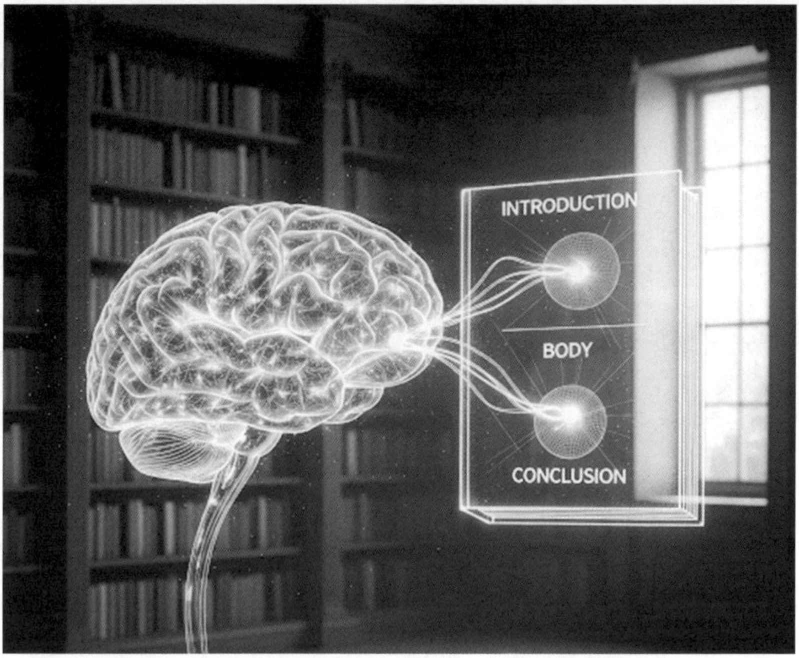

51 일반적으로 학위논문은 장 단위로 번호를 부여하며 논문의 전체 구조를 체계적으로 구획하지만, 학술지에 게재되는 단편 논문은 장 번호 없이 기능 중심 제목으로 구성 요소를 구분하는 경우도 흔하다. 논문 길이가 제한적인 데다, 독자가 본문의 구조를 직관적으로 파악할 수 있도록 하기 위한 편집상의 선택이다.

8.2 개요 작성을 위한 브레인스토밍

논문의 전체적인 구조를 이해했다고 해도, 막상 모니터나 메모지의 빈 곳을 채워 나가는 일이란 어느 누구에게나 막막한 일이다. 이때 '브레인스토밍(Brainstorming)'을 권한다. 머릿속에 있는 아이디어, 질문, 키워드 등을 제약 없이 꺼내 놓는 것이다. '백지상태의 공포'를 극복하고, 효과적인 개요 작성에 도움이 될 것이다.

8.2.1 마인드맵

마인드맵(Mind Mapping)은 주제를 중심으로, 관련 생각들이 마치 나뭇가지가 뻗어 나가듯 시각적으로 확장하는 방법이다. 비선형적 구조로 사고의 흐름을 방해받지 않으면서도, 아이디어 간의 관계를 한눈에 파악할 수 있다.

• **방법**

(1) 종이의 중앙에 자신의 연구 주제나 질문을 적고 동그라미를 친다.

(2) 서론, 본론, 결론의 각 장에 해당할 만한 큰 가지(핵심 주장, 주요 개념 등)를 뻗어 나간다.

(3) 각 가지에서 더 작은 가지들을 뻗어 나가며, 구체적인 근거, 분석할 텍스트, 예시, 반론 등을 자유롭게 연결한다.

(4) 색깔이나 그림을 활용하면 각 아이디어의 성격을 구분하고 기억하는 데 도움이 된다.

• **유의**

- 평가 유보: 아이디어를 내는 동안은 옳고 그름, 실현 가능성 여부를

판단하지 않는다. 평가는 브레인스토밍이 끝난 뒤에 진행한다.

- 양(量) 우선: 처음에는 가능한 한 많은 아이디어를 쏟아내는 것이 중요하다. 양이 많을수록 질 높은 아이디어가 나올 가능성도 커진다.
- 자유연상: 엉뚱하거나 과감한 생각도 환영한다. 기존의 틀에서 벗어난 발상이 새로운 해결책으로 이어질 수 있기 때문이다.
- 외부 아이디어 활용: 다른 사람의 발언을 바탕으로 확장·변형·결합하는 것을 적극적으로 시도한다.

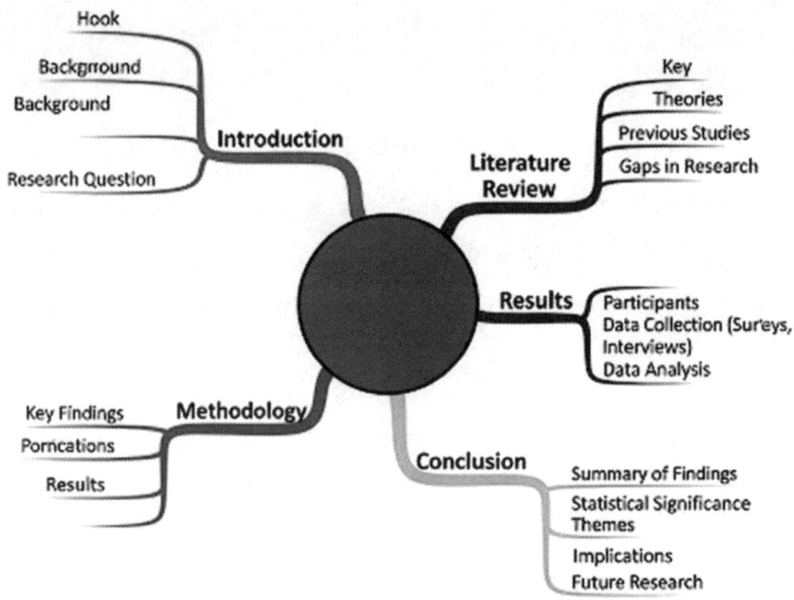

마인드맵 예시

8.2.2 자유롭게 쓰기

자유롭게 쓰기(Freewriting)는 문법, 논리, 형식을 무시하고, 정해진 시간 동안 멈추지 않고 머릿속에 떠오르는 모든 것을 무작위로 써 내려가는 방법이다.

• **방법**

(1) 타이머를 10분 정도로 맞춘다.

(2) 연구 질문이나 핵심 키워드를 주제로 글을 쓰기 시작한다.

(3) 시간이 다 될 때까지 절대 멈추지 않는다. 생각이 막히면 "무엇을 써야 할지 모르겠다"라고 쓰는 한이 있더라도 계속 키보드를 두드린다.

(4) 시간이 다 된 후, 자신이 쓴 글을 다시 읽어보며 의미 있는 아이디어나 문장의 조각들을 찾아낸다.

• **특징**

'작가의 벽'을 극복하는 하나의 방법이다. '글쓰기 장벽'이라고도 부르는 이 현상은, 완벽한 글을 써야 한다는 압박감이나 자신의 생각이 부족하다는 두려움 때문에 한 문장도 시작하지 못하는 심리적 정체 상태를 의미한다.[52] 자유롭게 쓰기는 이러한 내면의 검열관을 잠시 멈추

52 작가의 벽(Writer's Block)은 유명한 작가들조차 "매일 책상 앞에 앉아 고통과 싸운다"고 할 만큼 보편적인 경험이다. 그것은 '능력이 부족해서' 생기는 것이 아니라, 창의적 행위를 '진지'하게 대할 때 생기는 필연적 현상이다. 몇 가지 해결책을 제안하면 다음과 같다.

- 자유롭게 쓰기: 앞서 언급한 것처럼, 문법이나 논리에 상관없이 10분 정도 아무것이나 계속 써 내려가며 글쓰기 근육을 다시 움직이게 한다.
- 환경 바꾸기: 집필 공간을 카페, 도서관 등으로 바꾸거나, 컴퓨터 대신 종이와 펜으로 써보는 등 물리적 환경에 변화를 주는 것도 도움이 된다.
- 작은 목표 설정: '오늘은 한 페이지만 쓴다' 또는 '15분만 쓴다'와 같이 아주 작고 달성 가능한 목표를 세워 성취감을 느껴본다.
- 휴식과 재충전: 산책, 운동, 다른 분야의 책 읽기, 영화 감상 등 글쓰기와 완전히 다른 활동을 통해 머리를 식히고 새로운 자극을 받는다.
- 개요로 돌아가기: 글의 방향을 잃었다면, 처음 만들었던 개요나 마인드맵을 다시 살펴보며 전체 구조를 재정비하는 것이 좋다.

고, 문법이나 논리에 상관없이 뇌와 손을 움직이게 함으로써 글쓰기의 '물리적 행위'를 시작하게 한다. 쏟아낸 날것의 생각들 속에서, 종종 스스로도 예상치 못했던 새로운 관점이나 표현을 발견하는 경험을 하기도 한다.

- **유의**
  - 작성 중에는 수정·편집을 하지 않는다.
  - 속도를 유지하되, 멈추지 않는다.
  - 주제를 제외한 사전 계획은 최소화한다.
  - 아이디어 선별과 다듬기는 후처리 단계에서 진행한다.

8.2.3 목록 만들기 (Listing / Bulleting)

가장 간단하면서도 효과적인 아이디어 생성 방법이다. 연구 주제와 관련하여 떠오르는 모든 생각, 질문, 주장, 근거, 키워드 등을 순서나 구조에 상관없이 목록 형태로 나열한다. 방법이 단순해서 쉽게 시작할 수 있고, 머릿속에 엉켜 있던 생각들을 빠르게 외부로 꺼내어 객관적으로 바라볼 수 있다.

- **방법**

  (1) 백지를 펴고 생각나는 모든 것을 번호나 글머리 기호로 적는다.

  (2) 더 이상 쓸 것이 없다고 생각될 때까지 최대한 많은 항목을 나열한다.

작가의 벽은 의지나 재능의 문제가 아니라, 창작 과정에서 나타날 수 있는 자연스러운 정체기이다. 그 존재를 인정하고 자신에게 맞는 해결책을 찾길 바란다.

(3) 작성 후, 목록을 비슷한 항목끼리 그룹화하거나 논리적 순서로 재배열한다.

• **유의**

- 작성 중에는 평가·수정·순서를 고민하지 않는다.
- 중복을 두려워하지 않고, 가능한 한 많은 항목을 작성한다.
- 시간 제한을 두어 몰입 상태를 유지한다.

이상 소개한 브레인스토밍 기법들은 배타적이지 않다. 마인드맵으로 전체 구조를 잡은 뒤, 특정 가지의 아이디어를 발전시키기 위해 자유롭게 쓰기를 활용하거나, 목록 만들기로 세부 요소를 정리하는 식으로 조합할 수 있다.

9장

서론 쓰기

서론이 흥미를 끌지 못하거나, 방향을 명확히 제시하지 못하면 독자는 길을 잃거나 아예 본론을 읽을 의지를 상실할 수도 있다. 늘 바쁘기만(?) 한 심사위원들은 서론만 읽고 논문 전체의 수준과 가치를 짐작하는 경우가 많다.

9.1 흥미를 끄는 도입부

서론의 첫 문단, 특히 첫 문장은 독자의 시선을 낚아채는 '갈고리(Hook)' 역할을 해야 한다. "이 논문은 시간을 들여 읽을 만큼 흥미롭고 중요한 주제를 다루고 있다"는 인상을 심어주는 것이다.

9.1.1 통계나 사실 제시하기

독자가 미처 알지 못했던 통계 수치, 혹은 흥미로운 사실을 제시하며 시작하는 방법이다. 주제의 중요성을 객관적 데이터로 각인시키는 것이다.

대중문화 예시

> 2023년 한 해 동안 전 세계에서 소비된 웹툰의 시장 규모는 OO조 원을 넘어섰으며, 이는 전 세계 영화 시장의 OO%에 해당하는 규모이다(한국콘텐츠진흥원, 2024). 이처럼 웹툰이 글로벌 미디어 산업의 핵심으로 부상했음에도 불구하고, 그 서사 구조와 독자 수용에 대한 학문적 논의는 여전히 초기 단계에 머물러 있다.[53]

여기서 중요한 점은, 통계 수치를 제시할 때 반드시 신뢰할 수 있는 기관의 보고서나 선행 연구를 출처로 명기하여 주장의 객관성을 확보해야 한다는 것이다. 서론 첫 부분부터 "누가 그래요?"라고 심사위원이 물어온다면, 그 다음 과정이 어떻게 진행될지는 뻔한 일이다. 심사 현장에서, 그것도 1차 심사 때 아주 흔히 발생하는 장면이다.

9.1.2 도발적인 질문 던지기

독자가 스스로 답을 생각하게 만드는 질문으로 시작하는 방법이다. 물론 질문은 논문이 다루고자 하는 연구 주제와 맞닿아 있어야 한다.

화폐철학 예시

> 만약 국가나 중앙은행 없이, 오직 수학적 알고리즘만으로 화폐에 대한 신뢰를 구축할 수 있다면, 우리는 지난 수백 년간 이어져 온 근대 국가의 주권 개념을 어떻게 재정의해야 하는가(홍길동, 2025)?

53 이 책의 논문 샘플에 등장하는 문헌·출처 표기는 실제 자료도 일부 있으나, 많은 경우 인용 형식의 시연을 위한 가상 예시임을 밝혀둔다.

본고는 비트코인의 등장이 화폐 주권에 대한 근본적인 질문을 던지고 있음에 주목한다.

이 경우 질문 자체가 연구자의 문제 제기이므로 별도의 인용은 필요 없지만, 질문의 배경이 되는 특정 철학적 논의가 있다면 이를 언급하며 시작하는 것도 오히려 더 좋은 전략이다. 출처 인용은 나중에 많거나 중복이 되니 좀 빼라고 권고를 받는 한이 있더라도 달 수 있는 곳은 일단 최대한 달아주는 게 좋다.

9.1.3 일화나 사례로 시작하기

독자의 몰입을 유도하는 짧고 강렬한 이야기나 사례로 시작하는 방법이다. 추상적인 주제를 독자의 삶과 연결된 구체적인 문제로 느끼게 하는 효과가 있다.

언어학 예시

최근 SNS에서는 '너 T야?'라는 말이 유행처럼 번지고 있다(한양일보, 2025년 8월 14일). 이는 MBTI 성격 유형 중 사고형(T)을 가리키는 말로, 상대방의 차가운 반응을 비판하는 의미로 사용된다. 이처럼 하나의 알파벳이 복잡한 사회적 상호작용의 맥락을 함축하는 현상은, 현대 사회에서 언어가 정체성과 관계를 규정하는 새로운 기호로 작동한다는 것을 보여주는 사례이다.

이러한 사회 현상은 널리 알려져 있지만, 역시 여기에도 이를 분석한 신문 기사나 문화 비평 글을 인용해주면 주장의 시의성과 객관성을 동시에 확보할 수 있다.

9.1.4 권위 있는 인용구나 통념에 대한 도전

연구 주제와 관련된 유명한 학자의 인용구나, 혹은 널리 퍼져 있는 통념을 제시한 뒤 그것을 비판적으로 재검토하며 시작하는 방법이다. 자신의 연구가 기존의 학문적 대화에 직접 참여하고 있음을 어필하는 방법이다.

영문학 예시

> A.C. 브래들리 이래로 셰익스피어의 『햄릿』은 오랫동안 '우유부단한 지식인의 고뇌'라는 틀 안에서 해석되어 왔다(Bradley, 1904). 하지만 과연 그의 행동은 정말 단순한 '고뇌'의 산물이었을까? 본 연구는 이러한 통념에 의문을 제기하며, 햄릿의 모든 행동이 냉철한 계산 하에 이루어진 고도의 '정치적 연기'였음을 주장하고자 한다.

계속되는 얘기지만, 위에서처럼 특정 통념을 끌어와 비판할 때는, 관련 문헌을 정확히 인용해야 한다. 선행연구 조사가 충분히 잘 되었다는 인상을 주는데다, 또 만일 이와 연관된 질문에 대답을 잘 하면 이후의 심사과정이 한결 편안해질 것이다.

어떤 방식을 선택하든, 도입부의 가장 중요한 목표는 독자를 수동적인 정보 수용자에서, 당신의 논증에 관심을 가지고 따라오는 능동적인 대화의 상대로 초대하는 것이다. 다시 말해, 서론은 독자의 인식과 연구자의 문제 설정이 교차하는 지점을 설계하는 공간이다. 이 교차점이 모호하거나 피상적이면, 논문은 설득력을 갖추기 어렵고, 독자 또한 텍스트와의 지적 긴장을 유지하지 못한 채 곧 이탈하게 된다.

9.2 문제, 필요, 목적

흥미를 끄는 도입부 다음으로 할 일은, 이 연구가 학문적으로 가치 있는 문제임을 보여주고(왜 이 문제인가), 연구의 필요성(왜 지금인가) 및 목적(무엇을 할 것인가)을 명시하는 것이다. 우리는 이미 2장에서 '관심 → 주제 → 문제'의 순서로 아이디어의 구체화 과정을 보았다. 이제는 글 속에서 어떻게 하면 이를 설득력 있게 드러낼 것인지 고민할 차례이다.

9.2.1 문제 제기

설득력 있는 문제는 관심 영역 또는 주제의 논쟁, 모순, 의문, 빈틈에서 발견되는 경우가 많다. 논문을 읽는 이가 "그렇네, 정말 이게 문제가 될 수 있겠는데"와 같이 공감대를 형성하도록 하는 것이 관건이다.

대중문화 예시

> K-Pop 팬덤의 앨범 공동구매나 조직적인 스트리밍 운동, 이른바 '총공' 문화는 팬들의 자발적인 애정 표현으로 널리 인식된다(한양일보, 2024년 7월 15일). 하지만 동시에 이는 거대 기획사의 상업적 성공을 위해 팬들의 시간과 돈, 감정이 동원되는 시스템의 일부이기도 하다. 과연 이러한 팬덤의 활동을 순수한 '팬심'으로만 볼 것인가, 아니면 새로운 형태의 '노동'으로 보아야 하는가(Kim, 2023)? 이 자발성과 동원성 사이의 모호한 경계가 바로 본 연구가 탐구하고자 하는 핵심적인 문제이다.

언어학 예시

최근 SNS에서는 '~충', '~코인', '너 T야?'와 같은 신조어가 일상 언어처럼 사용되고 있다(한양일보, 2025년 8월 14일). 이 단어들은 단순한 유행어를 넘어, 사용자에 대한 평가와 정체성 범주화를 동시에 수행하는 언어적 행위로 작동한다. 하지만 이러한 표현들이 언제, 어떻게 정체성 표지(indexicality)로 기능하는지에 대한 언어학적 분석은 아직 미흡하다(김언어, 2023). 과연 이 언어들은 개인의 정체성을 표현하는가, 아니면 사회적 낙인을 재생산하는 수단인가? 이 모호한 경계가 본 연구의 핵심 문제이다.

화폐철학 예시

암호화폐 담론에서는 '코인', '채굴', '지갑' 등 전통 금융 시스템에서 유래한 은유적 언어가 널리 사용된다(Nakamoto, 2008). 이 언어들은 블록체인의 복잡한 작동 원리를 익숙한 개념으로 환원하는 동시에, 사용자에게 안정성과 신뢰를 암묵적으로 전달한다(한양경제신문, 2024년 5월 3일). 하지만 이런 언어적 프레이밍이 실제 기술적 현실과 어떤 괴리를 만들고, 사용자들의 위험 인식에 어떤 영향을 주는지에 대한 분석은 부족하다. 이처럼 언어가 신뢰를 설계하는 방식, 그 이면의 정치성이 본 연구의 문제의식이다.

9.2.2 연구의 필요성

- **학문적 필요성** (Academic Significance)

내 연구가 기존의 학문적 대화에 어떤 기여를 하는지를 설명하는 부분이다.

대중문화 예시

기존의 팬덤 연구는 주로 팬들을 '능동적 수용자'(active audience)나 '소비자'의 관점에서 분석해왔다(Jenkins, 1992; Johnson, 2014). 하지만 팬들의 활동이 실질적인 경제적 가치를 창출하고 기획사의 이윤 구조에 직접적으로 기여한다는 점에서, 이를 '노동'의 관점에서 분석하려는 시도는 부족했다. 본 연구는 감정·관계·정체성 등 비물질적 요소를 통해 경제적 가치를 창출하는 활동을 의미하는 '정동적 노동(affective labor)'(Hardt & Negri, 2004) 개념을 도입한다. 이를 통해 기존 팬덤 연구의 논의 범위를 확장하고, 팬 활동의 경제적·사회적 함의를 재조명하고자 한다.

언어학 예시

김언어(2018)와 Smith(2020)는 기존 담화 분석 연구에서 신조어나 은어를 주로 언어적 창의성 또는 세대 간 언어 변이의 지표로 다루었다고 지적한다. 그러나 이들이 담화 속에서 개인의 정체성 구성에 어떤 방식으로 관여하는지, 혹은 사회적 위계를 재생산하는 메커니즘으로 기능하는지에 대한 분석은 상대적으로 부족하다. 본 연구는 정체성 지시 기능(indexicality)—특정 언어형식이 화자의 사회적 정체성이나 관계를 암시하는 현상—을 중심으로, SNS 언어의 역할을 사회언어학적 관점에서 분석함으로써 일상 담화의 권력성과 위계성을 조명하고자 한다.

- **사회적 필요성** (Social Significance)

내 연구가 사회적으로 어떤 의미나 함의를 가질 수 있는지를 보여주는 부분이다.

대중문화 예시

Park(2022)과 Lee(2024)는 디지털 플랫폼 시대에 팬덤 활동이 단순한 취미나 소비가 아니라, 기업의 이윤 구조에 실질적으로 기여하는 노동 형태로 변모했다고 분석한다. 이러한 관점에서 본 연구는 거대 플랫폼 기업과 팬 개인 사이의 불평등한 관계를 조명하고, 자발적이지만 비가시적인 새로운 노동 형태에 대한 사회적 논의를 촉발하는 데 기여할 수 있을 것이다.

화폐철학 예시

Kim(2023)은 암호화폐 담론에서 사용되는 은유적 언어가 기술의 불확실성을 가리는 동시에, 실제보다 안정적이고 중립적인 시스템이라는 인식을 조장할 수 있다고 지적한다. 이러한 맥락에서 본 연구는 이 언어가 디지털 화폐에 대한 사회적 신뢰 형성과 위험 인식에 어떤 영향을 미치는지를 분석하고자 한다. 나아가 암호화폐 시대의 언어가 경제적·정치적 판단에 개입하는 방식을 밝히고, 기술의 복잡성을 감추는 언어적 장치를 비판적으로 조명함으로써 디지털 금융 시대에 필요한 정보 주체의 비판적 사고를 촉진하는 데 기여할 것이다.

9.2.3 연구 목적

문제 제기와 필요성 제시를 통해 논증의 토대를 마련한 후에는, 서론의 핵심적인 목표, 즉 '연구 목적(Purpose of the Study)'을 선언해야 한다. 연구 목적은 이 논문이 최종적으로 무엇을 성취하고자 하는지에 대한 약속이다. "본 연구의 목적은 ~을 규명하는 데 있다", "본고는 ~을 분석하고자 한다", "~을 비판적으로 고찰하는 것을 목표로 한다" 와 같이 능동적이고 명확한 서술어를 사용하는 것이 좋다.

대중문화 예시

따라서 본 연구의 목적은 최근 5년간 국내 K-Pop 팬덤의 '총공' 문화를 '정동적 노동(affective labor)'의 관점에서 비판적으로 분석하고, 이를 통해 디지털 플랫폼 시대의 새로운 팬 실천이 가지는 문화적·경제적 함의를 종합적으로 규명하는 데 있다. 이를 위해 온라인 커뮤니티 담론 분석과 심층 인터뷰를 수행하며, 그 결과를 바탕으로 팬덤 연구의 이론적 지평을 확장하고 디지털 노동에 대한 사회적 이해를 심화하고자 한다.

언어학 예시

따라서 본 연구의 목적은 최근 3년간 한국어 기반 SNS에서 사용되는 신조어들이 어떻게 정체성 지표로 작동하며, 이러한 언어적 전략이 디지털 담화 공간에서의 위계화 및 사회적 배제를 어떻게 유도하는지를 비판적으로 분석하는 데 있다. 이를 위해 트위터와 인스타그램의 공개 게시물을 대상으로 담화분석과 의미망 분석을 수행하며, 그 결과를 바탕으로 디지털 담화의 사회언어학적 이해를 확장하고 언어와 권력의 상관관계에 대한 학문적·사회적 논의를 촉진하고자 한다.

화폐철학 예시

본 연구는 최근 5년간 한국어 뉴스 미디어와 온라인 커뮤니티의 암호화폐 담론에 등장하는 금융적 은유들이 기술 시스템에 대한 신뢰 형성과 어떤 관계를 가지며, 이 언어들이 블록체인 기술의 복잡성을 어떻게 단순화하고 왜곡하는지를 분석하는 것을 목표로 한다. 이를 위해 담론 분석과 은유 분석을 병행하며, 그 결과를 통해 기술 담론에서 언어가 수행하는 철학적·정치적 기능을 비판적으로 조망하고, 디지털 금융 언어의 사회철학적 이해를 확장하고자 한다.

'문제 → 필요 → 목적'은 학술 논문의 전형적인 구조이다. 이는 연구의 당위성과 학문적 의의를 명확히 드러내고, 독자(심사자)가 연구의 신뢰성과 타당성을 판단하는 기준이 된다. 그리고 한 가지, 논문은 개성이나 문장력, 혹은 집필 이력을 뽐내는 장이 아니다. 논문은 학문 공동체의 규범과 관습을 따르는 '특수 목적성 글쓰기'이다. 논문의 기본 구조를 무시하고 자기만의 방식으로 글을 전개하는 것은, 학문적 전통을 경시하는 아주 좋지 못한 태도로 비칠 수 있다.

9.3 논문의 구성

서론의 마지막은 독자에게 앞으로 펼쳐질 논증의 과정을 안내하는, 일종의 '로드맵(Roadmap)'을 제시하는 부분이다.

9.3.1 왜 안내해야 하는가?

논문은 결말을 모르는 상태에서 긴장감을 느끼며 읽는 소설 같은 것이 아니다. 학술적 글쓰기의 목적은 혼란스럽게 만드는 것이 아니라, 명확하고 설득력 있게 주장을 전달하는 데 있다.

- **이해 증진**

  독자는 각 장이 어떤 역할을 하며, 전체 논증에서 어떤 위치를 차지하는지 파악함으로써, 각 부분의 내용을 깊이 있게 이해할 수 있다.

- **논리적 흐름 강조**

  각 장이 어떤 순서로, 왜 그렇게 배열되었는지를 설명하는 과정 자체가 연구의 전체적인 논리 구조를 강조하는 효과를 가진다.

- **자신감 표현**

  자신의 논문이 어떤 체계와 논리로 구성되었는지 명확하게 제시하는 것은, 연구자 스스로가 연구 전체를 완벽하게 파악하고 있다는 자신감을 보여주는 것이다.

9.3.2 작성 예시

논문의 구성을 안내하는 부분은 보통 서론의 마지막 문단에 위치하며, 각 장(chapter) 또는 절(section)의 핵심적인 내용과 그 역할을 간결하게 소개하는 방식으로 작성된다. 단순히 각 장의 제목을 나열하는 데 그쳐서는 안

되며, 각 장이 논리적으로 어떻게 연결되는지를 보여주는 것이 중요하다.

- **피해야 할 방식** (단순 나열형)

> 본고의 2장에서는 이론적 배경을, 3장에서는 연구 방법을, 4장에서는 분석 결과를 제시할 것이다. 그리고 5장에서는 결론을 맺는다.

문제점: 이 서술은 목차를 그대로 반복하는 것과 다름없다. 각 장이 왜 그 순서대로 배열되었는지, 그리고 각 장이 핵심 주장을 증명하는 데 어떤 역할을 하는지에 대한 정보가 전혀 없다.

- **권장하는 방식** (논리적 연결형)

대중문화 예시

> 본고는 다음과 같은 순서로 논의를 전개하고자 한다. 먼저 제2장에서는 본 연구의 이론적 틀이 되는 '정동적 노동'의 개념을 비판적으로 검토하고, 이를 팬덤 연구에 적용할 수 있는 가능성을 탐색한다. 이를 바탕으로 제3장에서는 K-Pop 팬덤의 '총공' 문화를 분석하기 위한 구체적인 연구 방법으로서 온라인 커뮤니티 텍스트 분석을 제시하고 그 절차를 설명한다. 이어지는 제4장에서는 실제 텍스트 분석 결과를 통해, 팬덤의 활동이 어떻게 자발성과 동원성의 모호한 경계 위에서 이루어지는지를 구체적으로 드러낼 것이다. 마지막으로 제5장에서는 이상의 논의를 종합하여, K-Pop 팬덤의 실천이 가지는 문화적, 경제적 함의를 재조명하고 연구의 한계와 후속 연구를 위한 제언으로 글을 마무리한다.

화폐철학 예시

본고는 다음과 같은 방식으로 논의를 전개한다. 제2장에서는 암호화폐 담론에서 사용되는 주요 금융 은유들을 정리하고, 이를 철학적·언어학적으로 분석하기 위한 이론적 틀을 마련한다. 이 이론적 토대를 바탕으로, 제3장에서는 온라인 커뮤니티, 백서, 미디어 기사 등 실제 담론 자료를 선정하고 분석 방법론을 제시한다. 제4장에서는 이 자료들을 분석하여, 금융 은유가 신뢰 형성, 위험 인식, 기술 인식에 어떤 영향을 미치는지를 구체적으로 밝힌다. 마지막으로, 제5장에서는 앞선 논의를 종합하여, 암호화폐 담론의 언어가 수행하는 정치적 기능과 철학적 함의를 비판적으로 정리한다.

장점: 각 장의 핵심 내용뿐만 아니라, 적절한 연결어의 사용을 통해 각 장이 유기적 연결을 보여준다.

논문의 구성을 안내하는 서론의 이 마지막 단계는 앞으로 펼쳐질 논증에 대한 '예고편'과도 같다. 잘 만들어진 예고편이 영화에 대한 기대감을 높이듯, 잘 쓰인 논문 구성 안내는 독자를 끝까지 따라오게 할 것이다. 심사위원이 논문의 마지막 장까지 꼼꼼하게 읽는 것 자체가 칭찬이고 인정이다.

9.4 나쁜 서론 vs 좋은 서론

지금까지 논의된 서론의 각 단계를 종합, 'K-Pop 팬덤의 조직적 활동'이라는 동일한 주제 하에, 두 가상 서론(축약 버전)을 비교하여 무엇이 좋고 나쁜 점인지 비교해보자.

9.4.1 나쁜 서론 사례

> 최근 K-Pop은 전 세계적으로 큰 인기를 얻고 있다. 방탄소년단(BTS)이나 블랙핑크와 같은 그룹들은 빌보드 차트 상위권에 오르는 등 엄청난 성공을 거두었다. 이러한 성공의 배경에는 헌신적인 팬덤의 활동이 있다. K-Pop 팬덤은 앨범 공동구매, 스트리밍 총공 등 다양한 활동을 통해 자신이 지지하는 아이돌을 응원한다. 본 연구는 이러한 K-Pop 팬덤의 다양한 활동에 대해 알아보고자 한다. 본고의 2장에서는 K-Pop의 발전 과정을 역사적으로 살펴보고, 3장에서는 팬덤 활동의 여러 사례들을 분석하며, 4장에서는 이를 바탕으로 결론을 제시할 것이다.

- **문제점 분석**

  (1) 흥미를 끌지 못하는 도입부(Weak Hook): "K-Pop이 인기가 많다"는 것은 누구나 아는 상식이다. 독자의 지적 호기심을 전혀 자극하지 못하는, 상투적이고 밋밋한 시작이다.

  (2) 문제의식의 부재: 팬덤이 다양한 활동을 한다는 '현상'을 나열할 뿐, 그 현상에 어떤 '문제'나 '논쟁점'이 숨어 있는지 전혀 제시하지 못한다. 독자는 "그래서 무엇이 문제라는 것인가?"라는 의문을 갖게 된다.

  (3) 학문적 맥락의 부재: 팬덤에 대한 기존의 학문적 논의가 어떠했는지 전혀 언급하지 않는다. 따라서 이 연구가 기존 연구의 어떤 빈틈을 메우고, 어떤 학문적 기여를 하는지 알 수 없다.

  (4) 단순 나열식 구성 안내: 목차를 그대로 옮겨 적은 수준이다. 각 장이 어떻게 논리적으로 연결되는지 보여주지 못하고 있어, 연구의 전체적인 논증 구조가 어떻게 될지 예측할 수 없다.

(5) 무엇보다도, 근거 자료에 대한 출처 인용이 전무하다.

9.4.2 좋은 서론 사례

Kim과 Lee(2022)는 K-Pop 산업에서 앨범 초동 판매량 백만 장 돌파가 단순한 음악적 인기 지표를 넘어 문화·경제적 사건으로 주목할 만하다고 지적한다. 이러한 성과는 앨범 공동구매, 조직적 음원 스트리밍, 소셜 미디어 해시태그 운동으로 대표되는 팬덤의 집단적 실천을 통해 구축된다. Jenkins(2006)는 기존 학계의 팬덤 연구에서 '참여 문화(participatory culture)' 개념을 토대로, 팬들을 미디어 텍스트의 수동적 소비자가 아닌 능동적 의미 생산자로 분석하였다. 그러나 Park(2023)은 최근 K-Pop 팬덤의 조직적 실천이 문화적 참여를 넘어, 기획사의 수익과 시장 지표에 직접적으로 기여하는 실질적인 '노동'의 성격을 명백히 드러낸다고 분석한다. 팬들의 자발적 헌신과 산업적 동원 사이의 이러한 긴장 관계는, 기존의 참여 문화론만으로는 온전히 설명되지 않는 학문적 공백으로 남아 있다.

따라서 본 연구의 목적은 K-Pop 팬덤의 '총공' 문화를 '정동적 노동(affective labor)'(Hardt & Negri, 2000)이라는 이론적 틀을 통해 비판적으로 분석하고, 이를 통해 디지털 플랫폼 시대의 새로운 팬 실천이 가지는 문화적·경제적 함의를 종합적으로 규명하는 데 있다. 이를 위해 제2장에서는 정동적 노동에 대한 이론적 논의를 비판적으로 검토하여 본 연구의 분석틀을 마련한다. 제3장에서는 이를 바탕으로 특정 팬덤의 온라인 커뮤니티 게시글과 인터뷰 자료를 분석하여 '총공'이 조직되고 수행되는 구체적인 과정을 드러낼 것이다. 이어지는 제4장에서는 분석 결과를 토대로 팬덤의 활동이 어떻게 자발성과 동원성의 모호한 경계 위에서 이루어지는지 심층적으로 논의한다. 마지막으로 제5장에서는 이상의 논의를 종합하고, 연구의 학문적 기여와 한계를 밝히며 글을 맺는다.

- **우수성 분석**

(1) 구체적이고 흥미로운 도입부: '앨범 백만 장 판매'라는 구체적인 현상으로 시작하여 독자의 관심을 즉각적으로 사로잡는다.

(2) 구체적인 수치에 대하여 신뢰할 수 있는 출처를 인용하여 그 근거를 명시하고 있다.

(3) 명확한 문제 제기 및 학문적 빈틈 제시: 기존 팬덤 연구(능동적 수용자론)를 언급한 뒤, 그것만으로는 설명되지 않는 '노동'으로서의 측면을 제기하며 연구의 학문적 빈틈과 필요성을 명확히 보여준다.

(4) 명시적인 연구 목적과 이론적 틀: '정동적 노동'이라는 구체적인 이론적 틀을 그 출처와 함께 명확히 제시하고, 이를 통해 무엇을 규명할 것인지 연구 목적을 명확하게 선언한다. 연구자가 자신의 논의를 어떤 학문적 계보 위에 위치시키고 있는지 보여주는 중요한 과정이다.

(5) 논리적인 구성 안내: '이를 위해', '이를 바탕으로', '이어지는', '마지막으로' 등의 연결어를 통해 각 장이 어떻게 앞선 논의를 이어받아 다음 단계로 나아가는지, 전체적인 논증의 흐름을 유기적으로 보여준다.[54]

54 위의 좋은 서론 예시가 좋은 이유가 '단지 더 길어서 그런 것인가'라고 느껴질 수 있지만, 중요한 차이는 '분량'이 아니라 '밀도'이다. 핵심 요소(문제 제기, 필요성, 목적, 구성 안내 등)를 논리적으로 충실히 포함하고 있다 보니 자연스럽게 길어졌을 뿐, 단순히 장황한 것이 아니다.

10장

본론 쓰기

서론 작성법에 이어 이제 본론, 즉 본격인 학술적 글쓰기의 기술이 요구되는 지점이 되었다. 단락 구성의 원칙, 이론과 데이터와 분석의 연결, 근거 제시하기 등 본론 작성에 요구되는 사항을 살펴보자.

10.1 단락 구성의 원칙

여타의 글쓰기가 그렇듯, 논문 역시 논리의 기본 단위는 단락(Paragraph)이다. 하나의 단락은 '하나의 아이디어만'을 다루어야 하며(통일성, Unity), 이를 독자가 이해할 수 있도록 근거와 설명을 통해 완결된 형태로 제시해야 한다(완결성, Completeness).

10.1.1 단락의 구성 요소

단락은 '주제문 → 뒷받침 문장 → 마무리 문장'으로 구성된다.

(1) 주제문 (Topic Sentence)

단락의 첫머리에 위치, 그 단락이 무엇에 대해 말할 것인지를 보여주는 문장이다.

나쁜 주제문 예시

본 단락에서는 햄릿의 광기에 대해 살펴본다.

→ 너무 포괄적인데다, 무엇을 주장할지도 알 수 없음.

이 연구는 2020년 3월에 시작되었다.

→ 단락의 분석 방향이나 논지 없이 배경 정보만 제시함.

청소년의 SNS 사용이 정말로 부정적인 영향을 미칠까?

→ 주제문은 질문이 아니라 명확한 주장 형태여야 함.

좋은 주제문 예시

햄릿이 폴로니우스를 대하는 방식은 그의 광기가 철저히 계산된 정치적 연기임을 보여주는 대표적인 사례이다.

→ 구체적인 대상과 명확한 관점을 제시하여, 이어질 분석 내용을 예고.

한국어의 된소리 대립은 발화자의 사회적 친밀도와 발화 상황에 따라 변이 양상을 보인다.

→ 구체적 현상 + 사회언어학적 조건 제시.

정치 연설에서 반복적 대명사 사용은 청중의 집단 정체성을 강화하는 수사적 장치로 기능한다.

→ 특정 언어 현상 + 기능적 해석 제시.

탈중앙화 화폐의 등장은 국가 주도의 통화정책에 대한 시민 신뢰 구조를 변화시킨다.

→ 제도 변화 + 사회적 영향 제시.

스마트 컨트랙트의 불변성은 법적 집행 가능성과 윤리적 책임 사이의 긴장을 드러낸다.

→ 기술적 특징 + 철학·윤리 문제 연결.

(2) 뒷받침 문장 (Supporting Sentences)

주제문의 주장을 구체적 근거와 설명으로 뒷받침하는 문장들이다.

- 근거 제시(Evidence): 자신의 주장을 뒷받침할 객관적인 자료를 제시한다.

- 질적 연구의 경우

  ① 문헌 기반 연구: 분석 대상 텍스트의 특정 구절이나, 다른 학자의 견해를 인용한다.

  ② 현장 기반 연구: 인터뷰 참여자의 발언, 현장 노트에 기록된 구체적인 관찰 내용 등을 제시한다.

- 양적 연구의 경우

  설문조사 결과, 통계 데이터, 실험 결과 등을 수치나 표로 제시한다.

• 분석 및 해석(Analysis/Interpretation)

제시된 근거가 왜 주제문을 뒷받침하는지 연구자만의 목소리로 설명한다.

- 질적 연구의 경우

  ① 문헌 기반 연구

> 햄릿이 폴로니우스를 '생선 장수'라고 부른 것은, 당시의 사회적 맥락에서 인간을 상품처럼 취급하는 궁정의 비정함을 암시하며, 폴로니우스의 비천함을 조롱하려는 의도된 모욕으로 해석될 수 있다.

→ 텍스트를 인용하는 것에 그치지 않고, 그것이 가진 함의를 분석.

② 현장 기반 연구

> 참여자 A가 '마치 투명인간이 된 것 같았다'고 말한 것은, 단순한 감정 표현을 넘어 조직 내에서 자신의 존재가 어떻게 비가시화되는지에 대한 심층적인 경험의 은유로 해석할 수 있다.

→ 인터뷰 참여자의 발언을 그대로 옮기는 것을 넘어, 그 발언의 맥락과 의미를 심층적으로 분석.

- 양적 연구의 경우

> 여성 집단의 로맨스 선호도는 30%로, 남성 집단의 10%보다 3배 높게 나타났다($p < .05$). 이러한 통계적으로 유의미한 차이는…

→ 제시된 숫자가 무엇을 의미하는지, 그리고 그것이 가설과 어떤 관련이 있는지를 구체적으로 설명.

(3) 마무리 문장 (Concluding Sentence)

마무리 문장은 단락의 논의를 간결하게 요약하면서, 다음 단락으로 넘어가는 논리적 다리(transition) 역할을 한다.[55]

55 '주제문-뒷받침 문장-마무리 문장'은 글쓰기 초기에 논리적 사고의 기본기를 훈련하는 데 유용하지만, 실제 논문에서 이 구조가 매 단락마다 똑같이 반복되는 경우는 드물다. 특히 분

따라서 이 장면은 단순한 인물 묘사를 넘어, 셰익스피어가 당시 정치 권력의 위선을 풍자하는 서사 장치로 해석될 수 있다.

→ 다음 단락에서 '정치 권력 풍자'라는 주제를 심화 분석할 수 있도록 연결.

이러한 발언은 조직 내에서의 비가시화 경험이 개인의 정체성에 어떤 장기적인 영향을 미치는지를 시사한다.

→ 다음 단락에서 '정체성 변화'라는 주제로 확장 가능.

결국, 실험군과 대조군 사이의 반응 속도 차이는 제안한 학습 모형이 실제 인지 처리 속도를 향상시킨다는 가설을 뒷받침한다.

→ 다음 단락에서 '인지 처리 메커니즘' 분석으로 전환.

두 사례의 차이는 결국 문화적 배경이 동일한 현상을 전혀 다른 방식으로 재해석하게 만든다는 점에서 중요한 함의를 가진다.

→ 다음 단락에서 '문화적 요인' 심층 분석으로 연결.

석이나 사례 설명이 연속되는 구간에서는 개별 단락의 마무리 없이 곧바로 다음 단락으로 자연스럽게 넘어가기도 하며, 마무리 문장을 생략한 채 다음 단락이 그 역할을 이어받는 흐름도 흔하다. 중요한 것은 형식의 완벽한 반복이 아니라, 전체 논의의 일관성과 흐름이다. 따라서 각 단락은 전체 논증 속에서 어떤 역할을 수행하는지를 고려하여 유연하게 구성해야 하며, 독자가 주장의 흐름을 무리 없이 따라갈 수 있도록 맥락을 조율하는 것이 우선이다.

10.1.2 단락 간의 논리적 연결

논문의 각 단락은 서로 긴밀하게 연결되어 하나의 거대한 논증을 향해 흘러간다. 이러한 논리적 흐름을 만들기 위한 장치로 다음과 같은 것들이 있다.

- **접속 부사 활용**

  '그러나', '또한', '예를 들어'와 같은 접속 부사를 적절히 사용하는 것은, 앞 단락과 뒤 단락의 논리적 관계(인과, 역접, 첨가, 대조 등)를 독자에게 명시적으로 보여준다. 일반(창의적) 글쓰기에서는 접속 부사의 남발을 피하라고 조언하지만, 논문에서 중요한 것은 미학적 아름다움이 아닌 논리적 명확성이다.

- **핵심어 반복 및 대명사 사용**

  앞 단락의 핵심어를 다음 단락의 첫 부분에서 다시 언급하거나, 대명사('이러한 현상은~', '이와 같은 문제는~')를 사용하여 문맥의 연속성을 유지한다. 독자가 논의의 초점을 놓치지 않고 따라오게 하기 위함이다.

- **단락의 끝과 시작 연결**

  한 단락의 마무리 문장에서 다음 단락에서 다룰 내용을 살짝 예고하거나, 다음 단락의 주제문에서 앞 단락의 내용을 간략히 받아 다시 설명하며 논의를 확장한다.

10.1.3 단락 예시 비교

같은 주제와 자료라도, 단락을 구성하는 방식에 따라 전달력은 달라진다. 실제 문학 작품을 소재로 좋지 않은 단락과 개선된 단락을 비교해 보자.

[예시 작품] **황석영, 『입석부근』** (1962)

[배경] 황석영의 등단작인 이 단편은 1960년대 초 한국 사회의 현실을 배경으로, 학교를 떠난 청년이 등반을 통해 내면의 성장과 희생을 경험하는 과정을 사실주의 기법으로 묘사한 성장소설이다.

ⓐ **좋지 않은 단락**

> 『입석부근』은 산업화 초기에 살아가는 사람들의 고난한 삶을 보여준다. 인물들은 모두 어려운 환경에 처해 있고, 감정 표현도 극도로 절제되어 있다. 1960년대 한국은 매우 힘든 시기였고, 이 소설은 그런 시대상을 잘 보여준다. 작가의 문장은 사실적이고 건조한 편이다. 이 작품은 리얼리즘 계열로 분류된다. 이와 같은 분위기는 당시의 사회적 배경을 반영한다.

- 문제점
  - 주제문이 명확하지 않다. 단락이 무엇을 말하려고 하는지 드러나지 않는다.
  - 뒷받침 문장들이 핵심 주장 없이 정보만 나열되어 있어 통일성이 떨어진다.
  - 문장 간 연결이 매끄럽지 않아, 독자가 논리의 흐름을 따라가기에는 산만하다.
  - 결론 없이 갑자기 끝나서 단락의 완결성이 부족하다.

ⓑ **개선된 단락**

> 『입석부근』은 당대 청년들이 마주한 현실의 무게와 내면의 혼란을 사실주의적으로 형상화한다. 특히 암벽을 오르며 겪는 극한의

> 상황은, 인물 내부의 고통과 각성 과정을 압축적으로 드러내는 상징적 장치로 작용한다. 예를 들어 주인공이 동료의 추락 이후 느끼는 공허감과 책임감은, 단순한 개인적 감정이 아니라 1960년대 한국 사회 청년층이 겪은 집단적 정서와 연결된다. 결국 『입석부근』은 개인의 성장과 시대적 현실이 맞닿는 지점을 정교하게 포착함으로써, 한국 리얼리즘 문학의 한 전형을 보여준다.

- 강점 분석
  - 첫 문장에서 단락의 중심 주제를 명확히 제시한다.
  - 이어지는 문장들은 구체적인 텍스트 분석을 통해 주장을 뒷받침한다.
  - 핵심어 반복과 인과적 연결을 통해 논리적 흐름을 유지한다.
  - 마지막 문장은 단락을 정리하면서 해석의 확장 가능성을 열어준다.

단락은 그 자체로 '작은 논증'이어야 함을 기억해두자. 명확한 주제문으로 시작해, 충분한 근거와 해석으로 뒷받침하고, (필요에 따라) 요약 또는 다음 전개와의 연결로 마무리하는 것이 기본이다. 현재 자신이 참고로 읽고 있는 논문에서 좋은 단락과 나쁜 단락을 구분하는 연습을 해보면 도움이 될 것이다. 일단은 남의 논문을 많이 읽는 것이 가장 좋은 방법이다. 그러다 보면 자연스레 안목이 길러질 것이다.

10.2 이론, 데이터, 분석의 연결

본론은 이론(Theory), 데이터(Data), 분석(Analysis)이 서로 맞물려 돌아간다. 그러나 많은 논문이 이를 따로 제시하는 오류를 범한다. 2장에서는 이론만 장황하게 소개하고, 4장에서는 데이터만 나열한 뒤, 5장에서 갑자기 분석 결과를 제시하는 식이다. 이런 구성은 독자에게 "그래서 이 이론과 데이터가 무슨 상관이지?"라는 의문을 남길 뿐이다.

10.2.1 논리적 연결 예시

이론, 데이터, 분석, 이 세 요소가 서로 유기적으로 작동하며 하나의 논증을 완성해가는 방식을 다음 사례를 통해 확인해보자.

(1) 대중문화

주장

K-Pop 팬덤의 조직적인 스트리밍 운동은 단순한 문화적 놀이가 아니라, 플랫폼 자본주의 하에서 나타나는 새로운 형태의 '정동적 노동'으로 이해할 수 있다.

이론

하트와 네그리(2000)에 따르면, 정동적 노동이란 신체적 노동뿐만 아니라, 안락함, 즐거움, 소속감과 같은 비물질적인 '정동(affect)'을 생산하고 소통하는 모든 활동을 포함한다. 이는 자본주의 시스템 안에서 가치를 창출하지만, 종종 비공식적이고 자발적인 형태로 이루어져 그 노동적 성격이 가려지곤 한다.

데이터

한 아이돌 팬덤의 리더는 인터뷰에서 다음과 같이 말했다. "새 앨범이 나오면 정말 전쟁이에요. 다들 잠도 안 자고 스트리밍 목록을 공유하고 서로 독려하면서 순위를 올려요. 순위가 오르는 걸 보면 힘들어도 뿌듯하고, 우리가 해냈다는 소속감을 느끼죠. 이게 다 우리 애들 잘되라고 하는 거니까요." (참여자 B)

분석

이 참여자의 발언은 정동적 노동의 핵심적인 특징을 명확히 보여준다. 스트리밍이라는 행위는 음원 차트 순위라는 실질적인 가치를 생산하지만(노동), 그 동기는 '뿌듯함'과 '소속감'이라는 정서적 보상(정동)에서 비롯된다. '전쟁', '잠도 안 자고'와 같은 표현은 이 활동이 상당한 노력을 요구하는 노동임을 암시하면서도, '우리 애들'이라는 표현을 통해 자발적 애정에 기반하고 있음을 드러낸다. 이처럼 팬들의 활동은 자본의 논리(차트 순위)와 팬덤의 정서적 유대감이 복잡하게 얽혀 있는 정동적 노동의 전형적인 사례로 분석할 수 있다.

(2) 화폐철학

주장

암호화폐 담론에서 사용되는 '채굴', '금', '지갑'과 같은 은유적 언어는 무형의 디지털 자산에 물리적 실체와 안정성의 인상을 부여하여 신뢰를 구축하는 핵심적인 수사 전략이다.

이론

레이코프와 존슨(1980)의 개념적 은유 이론에 따르면, 은유는 하나의 개념(추상적 대상)을 다른 개념(구체적 대상)을 통해 이해하고 경험하는 사유의 방식이다. 우리는 은유를 통해 익숙하지 않은 대상에 친숙한 속성을 부여하고, 그 대상을 인식하는 프레임을 형성한다.

데이터

한 암호화폐 정보 웹사이트의 초보자 안내 가이드에는 다음과 같은 설명이 포함되어 있다. "비트코인은 총량이 한정되어 있어 '디지털 금(Digital Gold)'이라고 불립니다. 강력한 컴퓨터의 힘을 빌려 복잡한 수학 문제를 풀면, 그 보상으로 새로운 코인을 '채굴(mining)'할 수 있습니다. 이렇게 얻은 자산은 당신만의 '디지털 지갑(wallet)'에 안전하게 보관됩니다." (코인위키, 2024)

분석

이 안내문의 설명은 개념적 은유 이론으로 분석할 때 그 의도가 명확히 드러난다. '금', '채굴', '지갑'이라는, 산업 시대의 물리적 자산 형성과 소유 과정에서 유래한 단어들이 사용된다. '금'이라는 은유는 비트코인에 희소성과 가치 저장 수단이라는 속성을 부여하고, '채굴'은 컴퓨터의 전기 소모적 연산을 실물적 가치를 생산하는 정당한 '노동'으로 포장한다. 또한 '지갑'은 복잡한 암호키를 손에 쥘 수 있는 소유물처럼 느끼게 만든다. 이처럼 암호화폐 담론은 물리적 세계의 은유를 체계적으로 동원하여, 눈에 보이지 않고 변동성이 큰 디지털 데이터에 안정성, 노동의 정당성, 소유의 확실성이라는 사회적 신뢰의 기반을 부여하는 것이다. 이는 언어가 어떻게 기술에 대한 인식을 구조화하고 특정 가치를 주입하는지를 보여주는 대표적 사례라고 할 수 있다.

10.2.2 흔한 실수들

이론, 데이터, 분석의 유기적 연결을 강조하는 이유는, 그만큼 많은 논문이 이 세 요소의 관계를 설정하는 데 실패하기 때문이다. 설득력 있는 본론을 쓰기 위해 피해야 할 대표적인 실수들은 다음과 같다.

- **이론 따로, 분석 따로** (Theory without Application)
  이론적 배경 챕터에서 수많은 이론가들을 나열해놓고, 정작 자신의 데이터 분석에서는 그 이론들을 전혀 활용하지 않는 경우이다. 이론은 분석을 위한 '도구'이지, 지식을 과시하기 위한 '전시품'이 아니다. 사용하지 않을 이론은 과감히 생략하고, 사용할 이론은 분석 과정에서 어떻게 적용되었는지 명확히 보여주어야 한다.
- **데이터만 나열하기** (Data without Analysis)
  인터뷰 내용을 긴 시간 동안 그대로 옮겨 적거나, 수많은 통계표를 아무런 설명 없이 제시하는 경우이다. 데이터는 자체로 말하지 않는다. 연구자는 이론적 관점에 따라 데이터를 해석하고 그 의미를 독자에게 설명해 줄 의무가 있다. 독자는 데이터의 단순한 나열이 아니라, 그 데이터가 핵심 주장을 어떻게 뒷받침하는지에 대한 연구자의 해석과 논증을 보고 싶어 한다.
- **증거 없는 분석** (Analysis without Data)
  구체적인 데이터의 뒷받침 없이, 연구자의 주장과 해석만 장황하게 이어지는 경우이다. 예를 들어, "A 현상은 B 이론의 관점에서 C로 해석할 수 있으며, 이는 D라는 함의를 가진다"라고 서술하면서 정작 A 현상이 실제로 어떠한지를 보여주는 구체적인 텍스트, 인터뷰, 통계 자료 등을 제시하지 않는 식이다. 모든 분석적 주장은 반드시 그것을 증명하는 데이터에 뿌리내리고 있어야 한다.

요컨대 본론이란, '이론'과 '데이터'를 가지고, '분석'을 통해 자신의 주장을 증명해 나가는 과정의 합이다. 이 요소가 서로 긴밀하게 맞물릴 때에만, 논문의 본론은 쉽게 반박하기 어려운 '논리'로 평가될 수 있을 것이다.

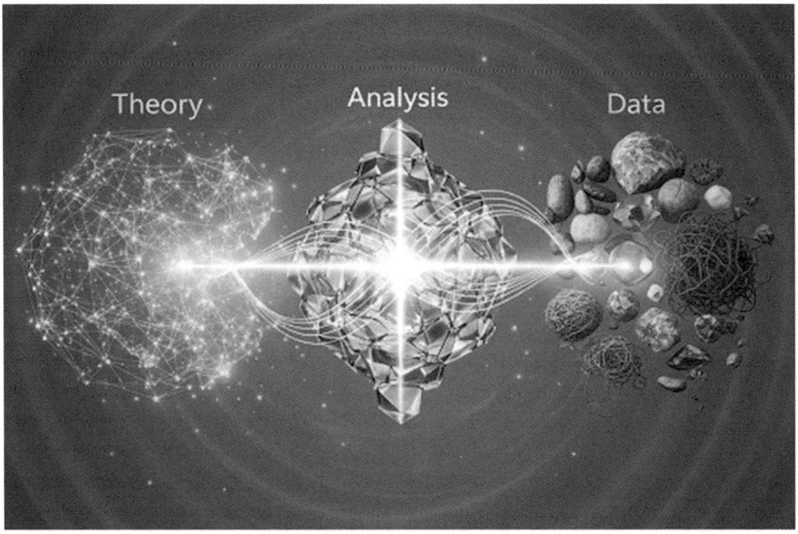

10.3 인용

인용(Quotation, Citation)은 다른 연구자의 아이디어나 연구 결과를 가져와 내 글의 일부로 사용하는 모든 행위를 말한다. 그것은 타인의 지적 재산권을 존중하고(연구 윤리), 내 주장의 근거를 제시하는(신뢰성 확보) 것으로서, 논문을 다른 글쓰기와 구분하는 대표적인 양식 가운데 하나이다.

10.3.1 직접 인용과 간접 인용

모든 인용은 반드시 정확한 출처를 밝힌다. 이는 표절을 방지하는 가장 기본적인 원칙이자 대책이다. 인용은 크게 직접 인용과 간접 인용으로 나뉜다.

- **직접 인용** (Direct Quotation)

  직접 인용은 다른 사람의 글이나 그대로 가져와 큰따옴표("") 안에 넣는 방식이다.

  - 언제 사용?

    ① 원문의 표현이 매우 뛰어나거나 상징적이어서, 다른 말로 바꾸면 그 맛이 사라질 때(예: 문학 작품의 일부, 철학자의 핵심 명제).

    ② 특정 개념을 정의하거나 법 조항, 통계 수치 등 정확성이 매우 중요할 때.

    ③ 다른 저자의 주장을 비판적으로 분석하기 위해, 그 주장을 왜곡 없이 그대로 보여줄 필요가 있을 때.

  - 주의

    ① 직접 인용을 남발하면, 내 논문이 다른 사람의 글로 채워진 '짜깁기'처럼 보일 수 있다.

    ② 인용문이 3~4줄 이상으로 길어질 경우, 별도의 단락으로 빼서 들여쓰기(indentation)를 하는 '블록 인용(block quotation)' 형식으로 처리한다.[56] 블록 인용은 별도의 큰따옴표("")를 붙이지 않으

56 (블록 인용 예시) 헨리 젠킨스(Henry Jenkins)의 '참여 문화' 개념을 본문에서 논의하다가, 그의 핵심적인 정의를 직접 인용하여 제시하는 상황 가정.

① **본문 내용** | 헨리 젠킨스는 현대 미디어 환경의 중요한 특징으로 '참여 문화'의 확산을 지적한다. 그는 참여 문화가 팬들이나 사용자들이 직접 콘텐츠를 생산하고 공유하며 서로의 창작물에 의미를 부여하는 새로운 문화적 실천임을 강조한다. 이러한 참여 문화의 핵심적인 특징에 대해 젠킨스는 다음과 같이 정의한다.

며, 인용문이 끝난 뒤에는 괄호나 각주를 사용하여 출처를 밝힌다.[57]

• **간접 인용** (Paraphrasing / Indirect Quotation)

간접 인용은 다른 사람의 아이디어나 주장의 핵심 내용은 유지하되, 그것을 자신의 문장과 표현으로 바꾸어 서술하는 방식이다.

- 언제 사용?

① 다른 저자의 주장을 요약하여 전달할 때.

② 여러 학자의 다양한 견해를 종합적으로 정리하여 보여줄 때.

③ 다른 사람의 아이디어를 내 논증의 흐름에 녹여내고 싶을 때.

- 주의

① 가장 많이 범하는 실수는 원문의 단어 몇 개만 바꾸고 자신의 글

② **블록 인용** | 참여 문화는 예술적 표현과 시민적 참여에 대한 장벽이 비교적 낮고, 창작물을 만들고 공유하는 것에 대한 강력한 지원이 있으며, 가장 경험이 많은 사람이 아는 것을 초심자에게 전수하는 비공식적 멘토십이 존재하는 문화이다. 참여 문화는 또한 구성원들이 자신의 기여가 중요하다고 믿고, 서로 간에 어느 정도 사회적 연결을 느끼는 문화이다(적어도 그들은 다른 사람들이 자신이 만든 것에 대해 어떻게 생각하는지에 관심을 가진다). (Jenkins, 2006, p. 3)

③ **본문 계속** | 이처럼 젠킨스의 정의는 참여 문화가 단순한 개인의 창작을 넘어, 사회적 연결과 상호 평가라는 공동체적 가치를 내포하고 있음을 분명히 한다.

57 인용 스타일에 따라 블록 인용의 출처 표기 방식은 다소 차이가 있다. 예를 들어, APA 7판은 40단어 이상의 긴 인용에서는 인용문 끝에도 저자명과 페이지 번호를 명시할 것을 권장한다. 반면 MLA나 시카고 스타일에서는 인용문 바로 앞에서 출처가 명확히 제시되었다면, 블록 인용 내부에는 다시 반복하지 않아도 된다. 이런 규칙들에 대해서 지금부터 너무 부담을 가질 필요는 없다. 중요한 것은 특정 규칙을 모두 외우는 게 아니라, 자신의 전공 분야나 학술지, 학교가 요구하는 스타일 가이드를 준수하는 것이다. 또한, 3장에서도 설명했듯이 Zotero, EndNote, Mendeley와 같은 서지 관리 도구를 활용하면, 스타일에 맞춘 자동 인용 생성과 참고문헌 정리가 가능하다. 물론, 최종 제출 전에는 반드시 스타일 가이드(예: APA 7th, Chicago Manual of Style 등)와 일치하는지 직접 검토는 해야 하겠지만,

인 것처럼 제시하는 것이다. 하지만 이 역시 문장 구조와 논리의 흐름을 그대로 가져온 것이므로 명백한 표절에 해당한다.

② 간접 인용은 원문을 소화한 뒤, 그 의미를 자신의 언어로 '재구성' 하는 것이다. 내 말로 바꾸어 썼더라도 아이디어의 원천은 다른 사람이므로 출처는 꼭 명기해야 한다.

10.3.2 본문 내 인용 표기의 실제

출처를 밝히는 방식, 즉 인용 스타일(Citation Style)은 학문 분야와 학술지에 따라 다양하다. 이는 각 분야가 무엇을 중요하게 여기는지를 보여주는 일종의 '문화'이기도 하다.[58]

- **본문 내 표기 방식 (In-text Citation System)**

  본문 중에 괄호를 사용하여 간략한 출처 정보를 제시한다.

  - APA 스타일 (저자, 연도)

    ① 저자의 이름과 출판 연도를 표기한다(예: Jenkins, 2006).

    ② 해당 연구의 '현재성'을 중시하는 학문 분야의 특성을 반영한다.

  - MLA 스타일 (저자 페이지)

    ① 영문학 등 인문학 분야에서 주로 사용하며, 저자의 이름과 페이지 번호를 표기한다(예: Jenkins 135).

    ② 텍스트의 어느 '위치'에서 아이디어를 가져왔는지, 즉 원문의 정확한 출처를 강조하는 분야의 특성을 보여준다.

58 관련 설명을 '12장. 참고문헌 표기법'에서 좀 더 자세히 다루니 참고하기 바란다.

- **각주–참고문헌 방식** (Notes–Bibliography System)

  인용 자료의 구체적 정보가 중요한 학문 분야에서 주로 사용되며, 시카고(Chicago) 스타일이 대표적이다. 이 방식은 본문에 위첨자로 번호를 달고, 해당 페이지 하단의 각주에 출처 정보를 제시한다. 이 방식의 장점은 각주라는 공간을 활용할 수 있다는 점이다. 이를 통해 다음과 같은 정보를 본문의 흐름을 방해하지 않고 제공할 수 있다.

  - 상세한 출처

    특정 판본의 고전, 희귀 사료, 미발표 인터뷰 자료 등 자료의 구체적인 성격을 명시할 수 있다.

  - 보충 설명 및 논쟁 소개

    인용한 내용에 대한 부가적인 설명이나, 그와 관련된 다른 학자들의 상반된 견해를 함께 제시하여 논의의 깊이를 더할 수 있다.

또한, 표기 방식으로 어떤 것을 선택하는가에 따라 문장의 뉘앙스와 강조점이 달라진다.

- **표기 방식의 두 가지 흐름**

  (1) 저자 중심 인용 (Author-prominent citation)

  저자를 문장의 주어나 일부로 삼아 그의 권위를 빌려오거나, 특정 학자의 주장에 초점을 맞춰 논의를 시작할 때 효과적이다. "누가" 말했는지를 강조하는 방식이다.

  (2) 내용 중심 인용 (Information-prominent citation)

  특정 학자의 이름보다는, 전달하려는 내용 자체의 객관성을 강조하고 싶을 때 문장 끝에 괄호나 각주 번호를 붙이는 방식으로 주로 사용된다. "무엇을" 말했는지에 더 집중하는 방식이다.

• **주요 스타일 인용 표기 예시**

상황	APA 스타일 (사회과학, 교육학 등)	MLA 스타일 (영문학, 인문학 등)	시카고 스타일 (역사학, 인문학 등)
저자 중심 인용	Jenkins(2006)는 팬들이 능동적 주체라고 주장했다.	Jenkins는 팬들이 능동적 주체라고 주장했다(135).	Jenkins는 팬들이 능동적 주체라고 주장했다.*
내용 중심 인용	팬들은 능동적 주체로 이해될 수 있다(Jenkins, 2006).	팬들은 능동적 주체로 이해될 수 있다(Jenkins 135).	팬들은 능동적 주체로 이해될 수 있다.*
직접 인용	Jenkins(2006)는 이를 "풀뿌리 차원의 창의적 표현"(p. 135)이라고 평가했다. 그는 팬덤 활동을 "풀뿌리 차원의 창의적 표현"(Jenkins, 2006, p. 135)이라고 평가했다.	Jenkins는 이를 "풀뿌리 차원의 창의적 표현"이라고 평가했다(135).	Jenkins는 이를 "풀뿌리 차원의 창의적 표현"이라고 평가했다.*

* Henry Jenkins, *Convergence Culture: Where Old and New Media Collide* (New York: New York University Press, 2006), 135.

• **어떤 스타일을 선택?**

어떤 인용 스타일을 따라야 하는지에 대한 정답은 없다. 이는 전적으로 자신이 속한 학문 분야의 관습과, 논문을 투고하려는 학술지나 학위 논문을 제출할 학과의 규정에 달려 있다.

- 분야의 관습 파악

  가장 좋은 방법은 자신의 연구 분야에서 가장 권위 있는 학술지나 최근에 나온 박사학위 논문들을 여러 편 읽어보며, 어떤 인용 스타일이 주로 사용되는지 익숙해지는 것이다.

- 하우스 스타일(House Style) 확인

  특정 학술지나 학회는 자신들만의 고유한 인용 규칙, 이른바 '하우스 스타일'을 가지고 있는 경우가 많다. 따라서 논문을 투고하기 전에는 반드시 해당 학술지의 '투고 규정'을 확인하여, 그들이 요구하는 양식에 정확히 맞춰야 한다.

10.3.3 흔히 저지르는 인용 실수

- **맥락 없는 인용 (Quote Mining)**

  다른 사람의 글이나 발언에서 문맥을 무시하고 일부 문장만을 발췌해, 원래 의도와 다르게 해석하거나 왜곡되도록 만드는 비윤리적인 행위이다. 예를 들어, 한 비평가가 "이 영화는 촬영 기술은 혁신적이지만, 서사는 지루하기 짝이 없다"고 썼을 때, '촬영 기술은 혁신적'이라는 부분만 인용하여 마치 그 비평가가 영화를 극찬한 것처럼 보이게 만드는 것이다.
- **인용과 분석의 분리**

  앞 절에서도 얘기했지만, 인용문만 길게 나열하고 그에 대한 자신만의 분석이나 해석을 덧붙이지 않는 경우이다. 인용은 논증의 끝이 아니라 시작이다. 인용된 내용보다 그것을 분석하는 연구자의 목소리가 더 길고, 깊어야 한다.
- **과잉 인용 (Over-citation)**

  한 문장 뒤에 관련 문헌 4~5개를 한꺼번에 나열하여, 자신이 많은 연구를 읽었다는 것을 과시하려는 듯한 인상을 주는 경우이다. 이는 오히려 각 문헌을 깊이 있게 이해하지 못했음을 드러내는 것일 수도 있다. 중요한 핵심 문헌 한두 개를 정확히 짚어주는 것이 더 효과적이다.

- **2차 인용의 남용**

  원문을 직접 확인하지 않고, 다른 논문에 인용된 내용을 재인용하는 것이다. 이렇게 하면 원저자의 의도를 왜곡할 위험이 크며, 첫 인용자의 실수를 그대로 반복할 수도 있다. 원문을 직접 찾아 확인하는 것이 원칙이며, 원문 접근이 불가능한 불가피한 경우에만 "홍길동(2020)의 연구에서 재인용"과 같이 재인용 사실을 명확히 밝혀야 한다.

10.4 각주와 미주

각주와 미주는 본문의 흐름을 방해하지 않으면서, 추가적인 정보나 보충 설명을 제공할 때 사용한다. 본문의 간결함과 명료성을 유지하면서도, 논의의 깊이를 더할 수 있는 방법이다.

10.4.1 사용 원칙

- **각주(Footnote)**

  본문에 작은 번호를 붙이고, 페이지 아래쪽에 해당 번호에 대한 보충 설명을 제공하는 방식이다. 독자가 본문을 읽다가 즉시 추가 정보를 확인할 수 있어 편리하다. 인문학 분야에서는 개념에 대한 부연 설명이나 사료의 출처를 밝힐 때 자주 사용된다.

- **미주(Endnote)**

  각주와 역할은 같지만, 보충 설명을 각 페이지 하단이 아닌, 장(chapter)의 끝이나 논문 전체의 맨 마지막에 한꺼번에 모아서 제시하는 방식이다. 본문의 흐름을 방해하고 싶지 않거나, 각주의 양이 너무 많아 페이지가 산만해 보이는 것을 피하고 싶을 때 주로 사용된다.

어떤 내용을 담나?

- 본문에서 다루기에는 부차적이지만, 독자의 이해를 돕기 위한 용어의 정의나 개념에 대한 부연 설명. 예를 들어, 본문에서 어떤 개념을 처음 사용할 때, 그 의미를 각주에서 간략히 설명해 줄 수 있다.
- 본문의 주장과 직접적인 관련은 없지만, 함께 읽으면 좋을 참고 문헌이나 다른 학자의 논쟁 소개. 예를 들어, "이 문제에 대해 A라는 관점도 있지만, 이와는 상반되는 B의 연구(B, 2020)도 참고할 만하다" 와 같이, 논의의 폭을 넓혀주는 정보를 제공할 수 있다.
- 본문의 논의에서 약간 벗어나는 연구자의 개인적인 생각이나 문제제기. 단, 이 방법은 매우 신중하게 사용해야 하며, 남용할 경우 글의 객관성을 해칠 수 있다.

중요한 것은, 논증의 핵심적인 내용은 본문에 위치하도록 해야 한다는 점이다. 각주, 미주는 어디까지나 보조 트랙일 뿐, 읽지 않는다 해도 전체 논리를 이해하는 데에는 무리가 없어야 한다.

10.4.2 사용 예시

아래는 가상 본문을 바탕으로 한 각주 사용의 예시이다. 사실 한 단락에서 이렇게 많은 각주를 쓰는 일은 없다. 연습용으로 과장된 사례를 의도적으로 꾸민 것이다. 그리고 이 책에서도 각주를 적정 수준으로 사용하고 있으니, 그것을 참고용으로 봐도 좋겠다.

- **가상 본문**

  현대 한국어의 높임말 체계는 어휘적·형태적·통사적 요소가 복합적으로 작용하여 구성된다.[1] 특히 형태적 요소에서의 높임 선어말어미 '-

시-'는 주체 존대의 핵심 표지로 기능하며,[2] 사회적 관계망 속에서 화자와 청자의 상대적 지위 차이를 표시한다. 예를 들어, "선생님께서 오셨습니다"에서 '-시-'는 주체(선생님)를 존대하는 기능을 수행하며, 동시에 종결 어미 '-습니다'와 결합하여 문장의 격식을 높인다.[3] 이러한 주체 존대는 일본어의 '-reru/-rareru'와 비교할 때 구조상 유사점이 있으나, 의미론적으로는 상이한 점이 많다.[4] 그러나 실제 구어체 대화에서는 높임 선어말어미의 생략 현상이 빈번하게 나타난다. 특히 친밀한 관계나 동일한 사회적 지위를 공유하는 화자들 사이에서 이러한 생략은 사회적 거리감을 줄이는 전략으로 활용된다.[5] 이러한 사용 경향은 디지털 매체 대화, 특히 모바일 메신저 환경에서 더욱 두드러진다.[6]

- **각주 예시**

1 한국어 높임법은 주체 존대, 객체 존대, 상대 높임으로 나눌 수 있다. 이 중 주체 존대는 주어를 높이는 기능을 한다.

2 '-시-'의 형태적 기원은 고대국어의 '-시-'와 동일하며, 중세국어 시기에도 형태와 기능이 비교적 안정적으로 유지되었다.

3 종결 어미 '-습니다'는 상대 높임법 중 합쇼체에 해당하며, 공식적 상황에서 주로 사용된다.

4 일본어의 '-reru/-rareru'는 존대 외에 가능, 수동의 의미도 나타낼 수 있으므로 한국어의 '-시-'와 완전히 대응하지 않는다.

5 Brown & Gilman(1960)의 The Pronouns of Power and Solidarity에서 제시한 사회적 거리 개념은 이러한 생략 현상을 이해하는 틀을 제공한다.

6 모바일 메신저에서의 높임말 사용 양상에 대해서는 Kim(2019)의 연구를 참고할 수 있다.

10.5 표와 그림

때로는 긴 글보다 표(Table)나 그림(Figure)이 정보를 효과적으로 전달하기도 한다. 복잡한 데이터나 관계를 시각적으로 요약하여 독자의 이해를 도울 수 있기 때문이다.

10.5.1 표 활용의 원칙

- **언제 사용?**

① 정확한 수치 제시

설문조사의 인구통계학적 정보(성별, 연령, 학력 분포 등)나 실험 결과의 구체적인 평균값, 표준편차 등을 제시할 때.

② 여러 항목 비교

여러 대상의 특징이나 속성을 나란히 놓고 비교하여 공통점과 차이점을 명확히 보여주고 싶을 때. (예: 여러 이론가의 핵심 주장을 비교하는 표)

③ 복잡한 데이터 요약

내용 분석의 범주별 빈도수나, 방대한 양의 데이터를 간결하게 정리하여 보여줄 때.

- **표의 조건**

① 명확한 제목

표의 제목은 일반적으로 표의 위쪽에 위치한다. "〈표 1〉 연구 참여자의 인구통계학적 특성"과 같이, 표의 내용이 무엇인지 정확하게 알려주는 번호와 제목이 있어야 한다.

② 직관적인 구조

가로줄(행)과 세로줄(열)의 구분이 명확해야 하며, 각 행과 열이 무엇을 의미하는지 명료한 이름표가 붙어 있어야 한다.

③ 단위 표시

숫자를 다룰 때는 반드시 단위를 명시해야 한다. (예: (단위: 명, %))

④ 자체 완결성(Self-explanatory)

본문을 읽지 않고 표만 보더라도 내용을 이해할 수 있어야 한다. 필요한 경우, 표 아래에 간단한 주석(note)을 달아 용어나 약어를 설명할 수 있다.

⑤ 본문에서의 언급

표를 삽입했다면, 반드시 본문에서 그 표를 언급하고 의미를 해석해주어야 한다. "연구 참여자의 인구통계학적 특성은 〈표 1〉과 같다"와 같이 표를 가리키고, "〈표 1〉에서 볼 수 있듯이, 본 연구의 참여자는 20대 여성이 전체의 65%로 과반수를 차지하여…"와 같이 표가 보여주는 핵심적인 내용을 구체적인 수치와 함께 설명해야 한다.

10.5.2 그림 활용의 원칙

논문에서는 그래프, 차트, 다이어그램, 사진, 지도 등 표가 아닌 시각 자료를 그림이라 부른다.

- **언제 사용?**

① 추세와 변화

시간의 흐름에 따른 데이터의 변화를 보여줄 때. (꺾은선 그래프가 효과적)

② 집단 간 비교

여러 집단의 양을 비교하여 보여줄 때. (막대그래프가 효과적)

③ 전체에 대한 비율

전체에서 각 부분이 차지하는 비중을 보여줄 때. (원그래프나 파이 차트가 효과적)

④ 관계의 구조화

복잡한 이론적 모델이나 연구의 과정을 도식화하여 보여줄 때. (다이어그램이 효과적)

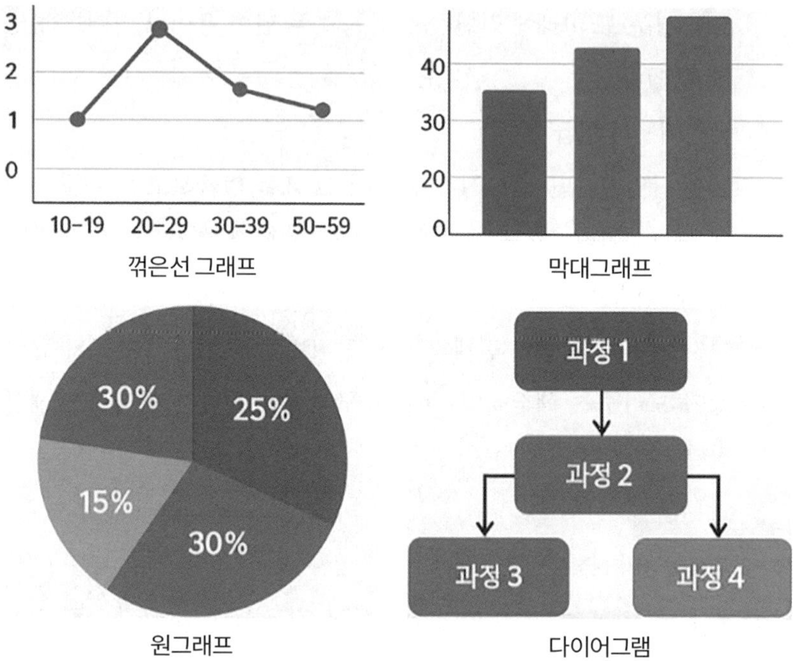

시각화 자료 예시

• 그림의 조건

① 명확한 제목

그림의 제목은 일반적으로 그림 아래쪽에 위치한다. "[그림 1] 연령대별 소셜 미디어 이용 시간"과 같이, 그림의 내용이 무엇인지 알려주는 번호와 제목이 있어야 한다.

② 축과 범례

그래프의 경우, 가로축(X축)과 세로축(Y축)이 각각 무엇을 의미하는지 명확하게 표시해야 한다. 여러 데이터를 하나의 그래프에 보여줄 때는, 각 데이터가 무엇을 나타내는지 알려주는 범례(legend)가 필수적이다.

③ 단순함과 명료성

불필요한 3D 효과나 화려한 색상, 복잡한 배경 등은 피해야 한다. 전달하려는 핵심 정보가 잘 드러나도록 단순하고 명료하게 디자인해야 한다.

④ 본문과의 연결

표와 마찬가지로, 그림 역시 본문에서 반드시 해당 그림을 가리켜 언급하고(예: "〈그림 1〉 참조"), 그림이 보여주는 핵심적인 패턴이나 경향성이 무엇인지, 그리고 그것이 논증에서 어떤 의미를 갖는지 설명해야 한다.

10.5.3 표와 그림 활용 시 유의사항

시각 자료는 논문에서 유용한 소통 수단이지만, 연구 목적과 문맥에 부합하도록 설계되어야 한다. 표와 그림의 활용에서 간과하기 쉬운 몇 가지 유의사항을 점검해보자.

(1) 배치의 문제

표나 그림은 관련 내용을 설명하기 전이 아니라 '직후'에 삽입하는 것이 독자의 인지 부담을 줄이고, 내용의 연결을 매끄럽게 한다. 또한, 여러 개의 표나 그림이 연속될 경우에는 각 자료 간의 관계가 명확히 드러나도록 배열 순서를 조절해야 한다.

(2) 동일한 형식 내 비교의 일관성

같은 유형의 데이터를 여러 개의 표나 그림으로 나누어 제시할 경우, 축의 범위, 단위, 색상, 범례, 분류 기준 등을 일관되게 유지해야 한다. 예를 들어, 서로 다른 시점의 막대그래프를 제시하면서 축 범위를 달리 설정하면, 실제보다 차이가 과장 혹은 축소되어 보일 수 있다.

(3) 독자의 입장 고려

연구자는 자료의 의미를 잘 알고 있지만, 독자는 그렇지 않다. 시각 자료는 처음 보는 사람도 그 의미를 알아볼 수 있도록 설계되어야 한다. 복잡한 그림이라면 참조선이나 강조 색 등으로 시선을 유도하거나, 설명 주석을 붙여 해석의 방향을 암시하는 것도 효과적이다.

(4) 과도한 시각화의 경계

표나 그림이 너무 크거나 복잡하면, 오히려 독자의 집중을 흐트러뜨릴 수 있다. 한 페이지 전체를 차지하거나, 부차적인 세부정보를 담고 있는 시각 자료는 부록(Appendix)으로 넘기는 것이 좋다. 요즘은 도식화 도구가 풍부해진 탓에 불필요할 정도로 시각 자료를 과잉 생성하는 경향이 있다. 표와 그림은 메시지를 명확하게 전달할 필요가 있다고 판단될 때만 선별하여 사용하도록 한다.

11장

결론 쓰기

긴 논증의 여정을 지나 마침내 결론에 이르렀다. 결론을 단순히 본론을 요약하는 형식적 부분으로만 오인하는 경향이 있는데, 물론 그것도 중요하지만, 궁극적으로 결론은 독자에게 최종 인상을 남기며 연구의 가치를 재확인하는 부분이다.

11.1 논지 요약 및 핵심 주장 재확인

결론의 첫 번째 임무는 독자에게 지금까지의 긴 논증 과정을 간결하게 다시 한번 상기시켜주는 것이다.

11.1.1 논증의 궤적

결론에서는 논문의 여정을 하나의 완결된 이야기로 들려준다. 연구자는 다음과 같은 흐름으로 그 논증의 궤적을 그려볼 수 있다.

(1) 연구 질문 재확인

서론에서 던졌던 핵심 연구 질문을 다시 한번 상기시키는 것으로 시작한다. 서론의 질문을 그대로 반복하기보다는, 그 질문이 가진 학문적 무게를 환기하며 시작하는 것이 좋다.

기본 예시

> 본 연구는 ~라는 질문에서 시작했다.

심화 예시

> [연구 주제]를 둘러싼 기존의 이분법적 논의를 넘어서기 위해, 본 연구는 [연구 질문]이라는 근본적인 물음에서 출발했다.

(2) 핵심 논증 과정 요약

본론의 각 장이 어떤 논리적 과정을 거쳤는지 간결하게 요약한다. 단순 나열은 금물이며, 각 장이 다음 장으로 나아가는 논리적 다리 역할을 했음을 보여주는 서사를 구성하도록 한다.

나쁜 예시: 단순 나열

> 2장에서는 정동적 노동 이론을 고찰했고, 3장에서는 팬덤 커뮤니티를 분석했으며, 4장에서는 인터뷰 결과를 제시했다.

좋은 예시: 논리적 서사

> 본 연구는 K-Pop 팬덤의 '총공' 문화가 단순한 참여를 넘어 '노동'으로 분석될 수 있는가라는 질문에서 출발했다. 이를 위해 먼저 2장에서는 하트와 네그리의 '정동적 노동' 개념을 이론적 틀로 삼

아, 자본주의 시스템 내에서 감정과 관계가 어떻게 가치를 생산하는지 살펴보았다. 이 이론적 렌즈를 통해 3장에서는 실제 팬덤 커뮤니티의 조직적 스트리밍 활동을 분석함으로써, 이들의 실천이 단순한 유희가 아니라 차트 순위라는 명확한 경제적 목표를 추구하고 있음을 밝혔다. 나아가 4장의 심층 인터뷰 분석은, 이러한 활동이 '뿌듯함'과 '소속감'이라는 강력한 정동적 보상에 의해 추동되고 있음을 보여주었다.

(3) 핵심 주장 재천명

논문 전체의 논증 과정을 통해, 서론에서 제시했던 핵심 주장이 어떻게 증명되었는지를 명확한 어조로 최종 선언한다. 화룡점정(畫龍點睛, Finishing Touch)의 순간이다.

기본 예시

이상의 논의를 종합하면, 본 연구는 K-Pop 팬덤의 총공 문화가 단순한 문화적 참여를 넘어, 자본의 논리와 정서적 유대가 복잡하게 얽힌 '정동적 노동'의 한 형태로 작동함을 규명했다.

심화 예시

결론적으로, 본 연구는 K-Pop 팬덤의 '총공' 문화가 단순한 문화적 참여를 넘어, 플랫폼 자본주의 시대에 새롭게 등장한 착취적이면서도 동시에 주체적인 유희의 성격을 띤 '정동적 노동'의 한 형태임을 논증했다. 이는 팬덤 연구의 지평을 넓히는 동시에, 현대 사회의 비가시적 노동 문제를 이해하는 새로운 이론적 시각을 제공한다.

11.1.2 함정들

결론을 작성할 때의 몇 가지 함정이 있다. 논문의 완성도를 심각하게 훼손하는, 반드시 피해야 할 부분이다.

- **새로운 증거나 인용**

  결론은 논증을 '마무리'하는 곳이지, 새로운 논증을 '시작'하는 곳이 아니다. 본론에서 충분히 다루지 않았던 새로운 데이터나 이론, 학자의 인용구를 결론에서 느닷없이 제시하는 것은 치명적인 실수이다. 이는 독자에게 "왜 이 중요한 이야기가 이제야 나오는가?"라는 의문(짜증)을 촉발시켜, 결국 본론의 논증이 불충분했음을 연구자 스스로 자인하는 꼴이 되고 만다.

- **모호하고 방어적인 표현**

  오랜 연구 끝에 찾아낸 자신의 결론에 대해 자신감 없는 태도를 보이는 것은 연구의 설득력을 심각하게 떨어뜨린다.

  > 아마도 ~일 것으로 생각된다
  > ~라고 볼 수도 있을 것 같다
  > 어느 정도 ~한 경향이 있는 듯하다

  이런 모호하고 방어적인 표현은 독자에게 연구자가 자신의 주장조차 확신하지 못하고 있다는 인상을 준다. 그렇다고 자신의 연구 범위를 넘어선 과도한 주장을 하라는 의미는 아니다. 본론의 논증이 허용하는 범위 안에서,

본 연구는 ~을 보여준다
분석 결과는 ~을 증명한다

와 같이 단정적이고 명료한 어조를 유지하는 것이 연구자의 학문적 권위를 확보하는 길이다.

- **단순 요약**

  결론 파트가 본론을 요약하는 것은 맞지만, 그것이 전부가 되어서는 안 된다. 각 장의 내용을 한두 문장씩 가져와 기계적으로 나열하는 것은, 목차를 다시 읽어주는 것과 다르지 않다. 결론은 요약된 내용들이 합쳐져 어떤 더 큰 의미의 그림을 완성하는지, 즉 서론에서 제기했던 'So what?'이라는 질문에 대한 최종 답변을 제시하는 부분이다. 다음 절(11.2)에서 결론의 마무리를 짓는 나머지 요소를 좀 더 살펴보도록 하자.

11.2 연구의 의의, 한계, 후속 연구 제언

논증의 요약과 핵심 주장의 재확인을 통해 연구를 마무리한 후, 이제는 한 걸음 물러나 이 연구가 학문적으로 어떤 의미와 한계를 갖는지 객관적으로 평가할 차례이다. 당신의 연구가 보다 넓은 학문적 대화의 일부임을 나타내는 동시에, 미래의 연구자들에게 한때 그렇게도 당신이 찾고자 했던 학문적 빈틈의 또 다른 가능성을 알려주는 과정이다.

11.2.1 연구의 의의, 함의, 기여

"그래서 이 연구가 왜 중요한데?(So what?)"라는 서론의 질문에 대한 최종적인 답변을 제시하는 것을 말한다. 당신의 연구 결과가 기존 지식에 무엇을 더했으며, 어떤 새로운 관점을 제공했는지를 서술하는 것이다. 연구의 의의는 크게 학문적 의의와 사회적·실천적 의의로 나누어 생각해볼 수 있다.

- **학문적 의의** (Academic Implications)

  이 연구가 해당 학문 분야의 이론적, 방법론적 논의에 어떻게 기여했는지를 밝힌다.

  이론적 기여

  > 본 연구는 기존의 A 이론이 설명하지 못했던 B 현상을 C라는 새로운 개념을 통해 분석함으로써, A 이론의 확장 가능성을 제시했다.

  방법론적 기여

  > 지금까지 주로 양적 연구로만 접근했던 D 주제에 대해, 본 연구는 심층 인터뷰라는 질적 연구 방법을 적용하여 현상에 대한 더 깊이 있는 이해를 가능하게 했다.

  경험적 기여

  > 아무도 주목하지 않았던 E라는 텍스트나 사례를 발굴하고 분석함으로써, 관련 분야의 연구 대상을 넓히는 데 기여했다.

- **사회적·실천적 의의** (Social/Practical Implications)

  연구 결과가 학문 공동체를 넘어, 현실 사회나 특정 정책, 교육 현장 등에 어떤 실질적인 기여를 할 수 있는지를 보여준다.

정책 제언

본 연구의 분석 결과는, 청년 실업 문제를 해결하기 위해 단순히 일자리를 늘리는 것을 넘어, 노동 시장의 이중 구조를 개선하는 방향의 정책이 필요함을 시사한다. 이는 한정된 재원을 보다 근본적인 문제 해결에 집중시켜 정책의 실효성을 높이는 데 기여할 수 있다.

교육적 함의

본 연구는 효과적인 외국어 학습을 위해, 단순 암기보다 맥락을 활용한 교수법이 더 중요함을 보여준다. 이는 향후 외국어 교육과정 개발에 중요한 시사점을 제공하며, 단순 암기 위주의 교육에서 벗어나 실제 의사소통 능력을 함양하는 방향으로 교육 현장의 변화를 이끌어낼 수 있다.

11.2.2 연구의 한계와 후속 연구를 위한 제언

어떤 연구도 완벽할 수는 없다. 자신의 연구가 가진 한계(Limitations)를 인정하고 밝히는 것은, 연구의 신뢰도를 떨어뜨리는 행위가 아니라 오히려 연구자의 정직성과 성숙함을 보여주는 것이다. 독자(심사위원)는 이미 당신의 연구가 가진 한계를 잘 알고 있다. 그러니 예상되는 비판을 수동적으로 방어하는 것 보다는, 이를 먼저 밝혀 연구를 객관적으로 성찰하고 있음을 보여주면, 오히려 논의의 주도권을 쥐는 좋은 전략이 될 수도 있다. 물론 한계는 미래의 연구를 위한 '디딤돌'로 제시되어야 한다.

'연구의 한계'는 자연스럽게 '후속 연구를 위한 제언(Suggestions for Future Research)'으로 이어져야 한다.

• **한계점과 제언의 연결**

이론적 한계 → 후속 제언

본 연구는 A라는 이론적 틀을 중심으로 분석을 진행했으나, B라는 다른 이론적 관점에서 본다면 다른 해석이 가능할 수 있다는 한계가 있다. 따라서 후속 연구에서는 B 이론을 적용하여 본 연구의 결과를 비교, 검증하는 작업이 필요할 것이다.

방법론적 한계 → 후속 제언

본 연구는 소수의 사례를 심층적으로 분석한 질적 연구이므로, 연구 결과를 전체 집단으로 일반화하는 데에는 한계가 있다. 그러므로 향후에는 본 연구에서 도출된 가설을 바탕으로 대규모 설문 조사를 실시하여, 이러한 경향이 통계적으로도 유의미한지 검증하는 양적 연구가 이루어질 필요가 있다.

자료의 한계 → 후속 제언

본 연구는 특정 기간의 자료만을 분석 대상으로 삼았으므로, 다른 시기의 자료를 분석할 경우 다른 결과가 나타날 수 있다. 후속 연구에서는 분석 기간을 확장하여, 이러한 현상의 통시적 변화를 추적하는 연구가 요구된다.

자신만의 논증에 이어 자신만의 결론을 내리고, 그 모든 학술적 주장의 과정을 마무리한 후에 언급하는 연구의 한계는, 실패의 증거이거나 고백이 아니다. 그것은 다음 연구를 위한 정직한 안내로서, 더 나은 질문을 위한 새로운 출발점이 될 것이다.

완성

Part 04

12장

참고문헌

참고문헌(References, Bibliography) 목록을 '정확'하고 '일관성' 있게 정리하는 것은, 얼마나 충실하게 선행 연구를 검토했는지, 그리고 연구자로서 얼마나 성실한 태도를 가졌는지를 보여주는 '논문의 이력서'와도 같다. 심사위원들은 참고문헌 목록만 보고도 연구자의 학문적 깊이와 성실성을 짐작할 때가 많다.

12.1 주요 참고문헌 양식

학문 분야마다 중시하는 정보의 종류가 다르듯, 참고문헌을 표기하는 양식(Style)에도 차이가 있다. 앞서 10.3에서 인용 방식을 다루며 소개했던 주요 참고문헌 스타일을 아래에 다시 소환한다.

- **APA 스타일 (American Psychological Association)**
  - 본문 내 인용에서 저자와 출판 연도(Author-Date)를 함께 표기하는

것이 특징이며, 이는 연구의 '현재성'을 강조하는 학문 분야의 특성을 반영한다.

- 1929년, 『Psychological Bulletin』에 발표된 7쪽짜리 지침에서 출발했다. 당시 미국심리학회(American Psychological Association)는 연구자들이 논문 작성에서 사용하는 용어, 수치, 표기 방식이 제각각이라 독자들이 읽기 어려운 문제를 해결하고자 했다.
- 이후 교육학, 사회학, 간호학 등 인접 학문에서 채택되면서 영향력이 확대되었고, 2020년에는 제7판이 발간되어 디지털 자료 인용, 성별·정체성 포용 언어, 오픈사이언스 원칙 등을 반영했다.

- **MLA 스타일 (Modern Language Association)**
  - 본문 내 인용에서 저자와 페이지(Author–Page)를 함께 표기하는 것이 특징으로 원문 텍스트의 구체적인 '위치'를 밝히고 텍스트 분석의 정밀성을 높이려는 학문적 전통을 반영한다.
  - 1951년, 미국현대어문학회(Modern Language Association)가 *MLA Style Sheet*라는 20쪽 분량의 가이드라인을 처음 발표했다. 당시 영문학, 비교문학 연구자들 사이에서 인용 방식과 참고문헌 표기가 통일되지 않아 학술지 편집과 심사 과정에 혼선이 잦았고, 이의 해소를 위해 표준 규범을 제정한 것이다.
  - 이후 문학, 언어학, 문화연구 등 인문학 전반에서 채택되었으며, 대학 글쓰기 교육에서도 기본 인용 규범으로 자리 잡았다.
  - 2021년에 발간된 제9판 *MLA Handbook*은 전자자료와 멀티미디어 자료에 대한 인용 규칙을 대폭 보강하고, 매체 유형과 무관하게 동일한 '핵심 요소(Core Elements)' 체계에 기반한 '작품 중심 접근(work-centered approach)'을 제시하였다.

- **시카고(Chicago) 스타일**
  - 역사학, 철학, 예술사 등 인문학 전반에서 사용되며, 각주(footnote)를 활용하여 출처 정보와 보충 설명을 제공하는 것이 특징이다. 단, 사회과학, 자연과학 분야에서는 저자-연도(Author-Date) 형식을 사용한다.
  - 1891년, 시카고대학교 출판부가 출판물의 표기 규범을 통일하기 위해 사내 지침을 마련했다. 이를 바탕으로 1906년 *A Manual of Style* 초판이 발간되었으며, 12판(1969년)부터 현재의 명칭 *The Chicago Manual of Style*이 사용되고 있다.
  - 제17판(2017년)은 온라인 자료, DOI(https://doi.org/ 형식 권장), URL 표기 간소화, 전자책·온라인 학술지·소셜 미디어 인용 규칙을 보강했다.

12.2 자료 유형별 참고문헌 목록 작성 예시[59]

각 스타일은 단행본, 학술지 논문, 학위논문, 온라인 자료 등 자료의 유형

59 본 절의 참고문헌 예시는 각각 APA 제7판(*Publication Manual of the American Psychological Association*, 7th ed., 2020), MLA 제9판(*MLA Handbook*, 9th ed., 2021), 시카고 매뉴얼 제17판(*The Chicago Manual of Style*, 17th ed., 2017)의 최신 규정을 따랐다.
각 스타일의 공식 가이드는 아래 웹사이트에서 확인할 수 있다:
- APA: https://apastyle.apa.org
- MLA: https://style.mla.org
- Chicago: https://www.chicagomanualofstyle.org

퍼듀대학교의 OWL (Online Writing Lab) https://owl.purdue.edu는 세 스타일에 대한 실제 예시와 해설을 제공하니 참조하면 좋겠다.

에 따라 표기법이 다르다. 주요 자료 유형별 작성 예시를 살펴본다.[60]

단행본

- **APA**

  Jenkins, H. (2006). *Convergence culture: Where old and new media collide.* New York University Press.

- **MLA**

  Jenkins, Henry. *Convergence Culture: Where Old and New Media Collide.* New York University Press, 2006.

- **시카고**

  Jenkins, Henry. *Convergence Culture: Where Old and New Media Collide.* New York: New York University Press, 2006.

학술지 논문

- **APA**

  Lee, K. (2007). A cognitive approach to the meanings of the English definite article THE. *Discourse and Cognition, 14*(1), 135–148.

60 또한 본 절의 참고문헌 예시와 설명은 APA, MLA, 시카고 스타일의 '영문' 자료 표기 기준을 중심으로 구성되어 있다. 한국어 논문에서 국내 자료를 활용할 경우, 해당 스타일의 기본 구조(예: APA 저자-연도-제목-출판사 순)를 적용, 일관성 있게 작성하는 것을 권장한다. 다만, 대부분의 학술지나 대학은 자체적으로 '하우스 스타일(기관 스타일)'을 운영하고 있으므로, 실제 작성 시에는 반드시 해당 기관의 논문 작성 지침이나 투고 규정을 우선적으로 준수해야 한다.

- **MLA**

  Lee, Kwanghee. "A Cognitive Approach to the Meanings of the English Definite Article THE." *Discourse and Cognition*, vol. 14, no. 1, 2007, pp. 135–148.

- **시카고**

  Lee, Kwanghee. "A Cognitive Approach to the Meanings of the English Definite Article THE." *Discourse and Cognition* 14, no. 1 (2007): 135–148.

학위논문

- **APA**

  Kim, C. (2023). *A study on the narrative of K-pop fandom* [Unpublished doctoral dissertation]. Hanguk University.

- **MLA**

  Kim, Chulsoo. *A Study on the Narrative of K-Pop Fandom*. PhD diss., Hanguk University, 2023.

- **시카고**

  김철수. 「K팝 팬덤 서사 연구」. 박사학위논문, 한국대학교, 2023.

  Kim, Chulsoo. *A Study on the Narrative of K-Pop Fandom*. PhD diss., Hanguk University, 2023.

온라인 신문 기사

- **APA**

  Lee, Y. (2024, May 15). *The future of artificial intelligence. The Hanguk Times*. http://www.hanguktimes.com/news/article.html?no=12345

- **MLA**

  Lee, Younghee. "The Future of Artificial Intelligence." *The Hanguk Times*, 15 May 2024, www.hanguktimes.com/news/article.html?no=12345.

- **시카고**

  이영희. 「인공지능의 미래」. 『한국타임즈』, 2024년 5월 15일. http://www.hanguktimes.com/news/article.html?no=12345.

  Lee, Younghee. "The Future of Artificial Intelligence." *The Hanguk Times*, May 15, 2024. http://www.hanguktimes.com/news/article.html?no=12345.

유튜브 영상

- **APA**

  Hanguk University. (2024, May 1). *A special lecture on thesis writing* [Video]. YouTube. https://www.youtube.com/watch?v=abcdefg

- **MLA**

  "A Special Lecture on Thesis Writing." *YouTube*, uploaded by Hanguk University, 1 May 2024, www.youtube.com/watch?v=abc

defg.

- **시카고**

  Hanguk University. "A Special Lecture on Thesis Writing." *YouTube*. May 1, 2024. https://www.youtube.com/watch?v=abcdefg.[61]

61 참고문헌 양식이 처음에는 복잡하고 어렵게 느껴질 수 있다. APA, MLA, 시카고 등은 각기 다른 규칙과 예외를 가지고 있어, 수작업으로 일일이 맞추다 보면 실수가 발생하기 쉽다. 앞서 여러 차례 언급했듯이, 이러한 문제를 줄이고 정확성을 높이기 위해서는 Zotero, EndNote, Mendeley와 같은 문헌관리 도구를 사용하는 것이 가장 효과적이다. 이들 도구는 한 번의 설정만으로 많은 참고문헌을 자동 정렬하거나 스타일을 전환할 수 있어, 연구자에게 도움이 된다. 그러나 이러한 도구를 활용하더라도, 기본적인 참고문헌 스타일의 구조와 규칙을 어느 정도 이해하고 숙지하는 것은 중요하다. 그래야 오류를 스스로 점검하고, 기관의 세부 지침이나 예외 상황에도 유연하게 대응할 수 있기 때문이다.

13장

퇴고, 교정, 피드백

퇴고는 논리와 구조를 점검하고, 교정은 문장과 표현을 다듬는 일이다. 여기에 더해, 지도교수나 동료의 피드백을 통해 스스로 발견하기 어려운 문제를 파악하고 수정할 수 있다. 논문을 보다 완성도 높게 다듬기 위한 마지막 단계로서 퇴고, 교정, 피드백의 구체적인 방법을 살펴본다.

13.1 퇴고와 교정

효과적인 퇴고(Revising)와 교정(Proofreading)은 명확한 기준을 가지고 단계적으로 진행되어야 한다. 숲 전체의 구조를 먼저 보고(거시적 관점), 나무와 나뭇잎을 살피는(미시적 관점) 순서로 접근하는 것이 좋다.

13.1.1 거시적 관점

글의 세부적인 표현을 보기 전에, 논문 전체의 논리적 뼈대가 튼튼한지 확인한다.

(1) 핵심 주장의 명료성

- 서론에서 제시한 핵심 주장이 명확하고 구체적인가?
- 본론의 모든 내용이 핵심 주장을 뒷받침하는 데 유기적으로 기여하고 있는가?
- 결론에서 이 핵심 주장이 다시 한번 확인되고 있는가?

(2) 단락 간의 논리적 흐름

- 각 단락의 주제문은 명확하며, 앞뒤 단락과 자연스럽게 연결되는가?
- '그러나', '따라서', '또한'과 같은 접속 부사가 논리적 관계를 정확하게 표현하고 있는가?
- 논증의 순서(예: 시간 순서, 인과관계 순서)가 논리적으로 타당한가? 논리적 비약이나 순서의 뒤섞임은 없는가?

(3) 목소리의 일관성

- 논문 전체의 톤과 관점이 일관되게 유지되고 있는가?
- 서론에서 사용한 핵심 용어의 의미가 본론과 결론에서도 동일하게 사용되고 있는가?

13.1.2 미시적 관점

문장과 단어 수준의 세부적인 사항을 점검하는 것을 말한다. 이때는 가급적 소리 내어 읽어 보기를 권한다. 소리 내어 읽으면, 눈으로는 지나쳤던 어색한 문장이나 오류가 귀로 더 쉽게 감지되기도 한다.

(1) 문장의 명료성과 간결성

- 하나의 문장이 너무 길고 복잡하여 의미 전달이 모호하지는 않은

가? (주어와 서술어의 관계가 명확한가?)

- 불필요한 수식어나 중복되는 표현은 없는가?

(2) 능동적이고 명확한 문장 사용

- 피동형 문장의 남용 경계

피동형 문장은 주체를 모호하게 만들어, 연구자가 자신의 주장에 책임을 지지 않으려는 듯한 소극적인 인상을 줄 수 있다. 가능하면 행위의 주체를 명확히 밝히는 능동형 문장을 사용하는 것이 좋다.

지양

~라고 생각되어진다. (누가 생각하는지 불분명)
이 연구에서는 몇 가지 시사점이 도출되었다.
본 연구에서는 설문조사가 실시되었다.

개선

연구자는 ~라고 생각한다.
선행 연구들은 ~라고 주장한다.
이 연구는 몇 가지 시사점을 도출하였다.
연구자는 다음과 같은 시사점을 도출하였다.
본 연구는 설문조사를 실시했다.
본 연구에서는 연구자가 직접 설문조사를 실시하였다.

- 번역 투의 어색한 표현 지양

외국 문헌을 참고하는 과정에서 자신도 모르게 외국어의 문장 구조나 표현을 그대로 직역하여 어색한 문장을 만들기 쉽다.

지양

정보를 분석함에 있어서… ('-에 있어서'의 남용)

그의 주장에 대한 분석의 시도가 있었다. (불필요한 명사형)

개선

정보를 분석할 때…

정보를 분석하면…

그의 주장을 분석하려는 시도가 있었다.

연구자들은 그의 주장을 분석했다.

(3) 비문(非文) 확인

- 주어와 서술어의 호응이 올바른가?
- 문장 성분(주어, 목적어, 서술어 등)이 빠진 부분은 없는가?
- 조사나 어미의 사용이 문법적으로 올바른가?

(4) 오탈자 및 맞춤법, 띄어쓰기

- 워드프로세서의 맞춤법 검사 기능을 활용하되, 기계가 모든 것을 잡아낼 수는 없음을 감안해야 한다.
- 자주 틀리는 표현(예: 되/돼, 안/않)이나 띄어쓰기는 각별히 주의를 기울여 확인한다.
- 인명, 지명, 전문 용어 등의 표기가 일관되게 사용되었는지 점검한다.

(5) 참고문헌 목록과 본문 내 인용의 일치

- 본문에 인용된 모든 문헌이 참고문헌 목록에 포함되어 있는가?
- 참고문헌 목록에 있는 모든 문헌이 본문에서 인용되었는가?
- 인용 양식(APA, MLA, 시카고 등)의 규칙이 논문 전체에서 일관되게 지켜졌는가?

(6) 논문 형식 및 제출 규정 준수

- 소속 학과나 학술지에서 요구하는 서식(글자 크기, 줄 간격, 여백 등)을 정확히 따랐는가?
- 표지, 초록, 목차, 각주, 참고문헌 등의 양식이 지정된 형식을 따르고 있는가?
- 표, 그림, 부록 등의 번호와 제목은 일관성 있게 표기되어 있는가?

13.2 퇴고 및 교정 예시

초고 원문

(A) 청소년들의 정신 건강에 SNS가 미치는 영향에 대한 많은 연구가 실시되었다. 이 문제에 있어서, 대부분의 연구들은 SNS의 부정적인 측면을 강조하는 경향이 보여진다. (B) 예를 들어, 잦은 SNS 사용은 상대적 박탈감과 연관이 있으며, 이것은 우울감으로 이어진다는 분석의 시도가 있었다. 하지만 일부 연구에서는 SNS를 통한 긍정적 관계 형성에 주목하기도 하므로, SNS의 영향이 무조건 나쁘다고 결론을 내리기에는 이르다. (C) 어쨌든 추가적인 연구가 필요한 부분이라고 생각되어진다. 본 연구에서는 청소년의 SNS 이용 행태가 정신 건강에 미치는 영향이 설문조사를 통

해 분석되었다.

수정본

(A) 최근 소셜미디어(SNS)가 청소년의 정신 건강에 미치는 영향에 대한 논의가 활발하다. 선행 연구들은 주로 SNS 사용이 유발하는 상대적 박탈감이나 사이버불링(cyberbullying)과 같은 부정적 측면에 집중해왔다. (B) 예를 들어, 다수의 연구는 잦은 SNS 사용이 타인과의 비교를 촉진하여 상대적 박탈감을 높이고, 이는 결과적으로 우울감을 심화시킨다고 지적한다. 그러나 일부 연구는 SNS가 사회적 지지망을 형성하고 긍정적인 관계를 맺는 순기능도 수행한다고 주장한다. 이처럼 SNS의 영향은 양면적이므로, 어느 한쪽으로 단정하기는 어렵다. (C) 따라서 본 연구는 청소년의 SNS 이용 동기와 자기효능감이라는 조절 변수를 중심으로, SNS 이용이 정신 건강에 미치는 긍정적 및 부정적 영향을 통합적으로 분석하고자 한다. 이를 위해 연구자는 10대 청소년 300명을 대상으로 설문조사를 실시했다.

수정 해설

구분	초고 문제점	수정 내용
거시적 관점	**핵심 주장의 명료성 부족** "추가적인 연구가 필요하다"는 막연한 진술로 연구의 차별성 부재	**연구의 구체적 목적과 방법 제시** '이용 동기', '자기효능감' 변수를 도입하여 연구의 독창적 기여 지점 명확화
	단락 간의 논리적 흐름 방해 '어쨌든'은 앞 내용과 논리적 연결이 부적절한 접속 부사	**논리적 관계를 명확히 하는 접속사 사용** '따라서'를 사용, 원인(SNS의 양면성)과 결과(통합적 분석 필요성)를 자연스럽게 연결

구분	초고 문제점	수정 내용
미시적 관점	**피동형 문장 남용** ~경향이 보여진다. ~라고 생각되어진다. ~영향이 분석되었다.	**능동형 문장으로 전환** 선행 연구들은 ~집중해왔다. 본 연구는 ~분석하고자 한다. 연구자는 ~실시했다. (행위 주체를 명확히 하여 책임성과 명료성 제고)
	번역 투 및 어색한 표현 이 문제에 있어서… ~분석의 시도가 있었다.	**자연스러운 우리말 표현으로 수정** 이 문제에 관해 (또는 생략) ~라고 지적한다 / 주장한다. (명사형 구문을 동사형 문장으로 개선)
	문장의 간결성 부족 하나의 문장에 너무 많은 정보를 담아 복잡하고 의미 전달이 모호	**긴 문장을 나누어 의미 명료화** 주어와 서술어 관계가 분명한 여러 문장으로 나누어 전달력 제고
	맞춤법 오류 내리기애는 어쨋든	**수정 또는 삭제** 내리기에는 어쨌든

13.3 피드백

스스로 점검하는 퇴고와 교정의 단계를 거쳤다면, 이제는 내 글을 지도 교수나 동료 연구자에게 보이고 피드백(Feedback)을 받을 차례이다. 많은 연구자가 이 과정을 고통스러워한다. 자신의 글에 대한 비판을 인신공격으로 받아들이기 쉽기 때문이다. 하지만 피드백은 연구자에 대한 비난이 아니다. 학문 공동체의 소통 방식이고, 협력적인 지성 활동이다.

13.3.1 방어보다는 경청

피드백을 받는 순간, 우리의 첫 번째 본능은 자신의 논리를 방어하고 변명하려는 것이다. 하지만 이 본능을 억제하고 '경청'하는 자세를 취하는 것이 중요하다.

(1) 일단 수용

- 지도교수나 동료가 의견을 말할 때는, 그것이 타당한지 아닌지를 즉시 판단하려 하지 말고 일단 모든 내용을 상세히 메모한다.
- 여기서 동료란 같은 학문 분야를 공부하는 다른 대학원생, 스터디 그룹 멤버, 혹은 학회에서 만난 선후배 연구자 등 내 글을 객관적인 시선으로 읽어줄 수 있는 모든 학문적 파트너를 의미한다.
- 중간에 말을 끊고 반박하거나 해명하려는 시도는 피드백 제공자를 지치게 하고, 더 이상의 솔직한 조언을 꺼리게 만든다.

(2) 이해를 위한 질문

피드백의 의도가 명확하지 않다면, 방어적인 질문이 아닌 이해를 위한 질문을 해야 한다.

나쁜 질문

"그게 왜 문제라고 생각하시죠?" (방어적, 공격적으로 들릴 수 있다.)

좋은 질문

"교수님께서 이 부분의 논리가 약하다고 지적해 주셨는데, 어떤 근거가 더 보강되면 좋을지 조금 더 구체적으로 말씀해주실 수 있을까요?" (문제 해결을 위한 건설적인 질문)

(3) 감사 표현

피드백은 시간과 노력을 들여 타인의 글을 꼼꼼히 읽어주었기에 가능한 것이다. 내용에 대한 동의 여부를 떠나, 그 노력 자체에 대해 감사함을 표현하는 것이 기본적인 예의이다.

13.3.2 피드백의 분류와 전략적 수용

감사한 일이기는 하지만, 그렇다고 해서 피드백을 모두 무비판적으로 수용해야만 하는 것은 아니다. 최종 책임은 결국 연구자 자신에게 있다. 따라서 피드백을 꼼꼼히 검토하고, 자신의 연구 방향에 맞게 수용할 필요가 있다.

(1) 피드백 목록화 및 분류

모든 피드백을 하나의 표로 정리하고, 그 성격에 따라 분류한다.

- 유형 1

  구조 및 논리의 문제: 논문의 뼈대를 바로잡는 피드백
  - 논문의 핵심 주장이나 논증 구조의 허점에 대한 지적이다.
  - 예 "서론의 문제의식과 본론의 분석이 서로 다른 이야기를 하고 있다."
- 유형 2

  내용 및 근거의 문제: 논증의 설득력을 강화하는 피드백
  - 특정 분석의 근거가 부족하거나, 해석이 자의적이라는 지적이다.
  - 예 "이 주장을 뒷받침하기에는 사례가 너무 부족하다."
- 유형 3

  표현 및 형식의 문제: 논문의 가독성과 완성도를 높이는 피드백

- 문장의 어색함, 용어 사용의 불일치, 오탈자 등 미시적 문제에 대한 지적이다.

(2) 수용 여부 결정

- 적극 수용

  1유형과 2유형의 피드백은 논문의 완성도에 치명적 영향을 미치므로, 최우선적으로 진지하게 검토해서 수정 방향을 고민해야 한다.
- 선별적 수용

  3유형의 피드백은 더 나은 대안이 있다면 자신의 판단에 따라 수용 여부를 결정할 수 있다.
- 신중한 불수용
  - 때로는 피드백 제공자가 연구의 핵심적인 의도를 오해하거나, 연구자의 주장과 완전히 반대되는 방향의 수정을 요구할 수도 있다. 이 경우, 반드시 피드백을 따를 필요는 없다.
  - 하지만 왜 수용하지 않는지에 대한 명확하고 논리적인 이유를 정립하고 있어야 하며, 지도교수에게는 이를 정중하게 설명할 필요가 있다.

13.3.3 건설적 피드백 제공

때로 연구자는 동료의 연구에 피드백을 제공하는 주체가 될 때도 있다. 건설적인 피드백은 자신과 동료 연구자의 성장을 돕고, 공동체 전체의 지적 수준을 높이는 데 기여한다.

(1) 비판이 아닌 비평

피드백의 대상은 연구자 개인이 아니라 글 자체에 한정되어야 한다. "당신의 주장은 틀렸다"와 같이 상대를 공격하는 듯한 표현 대신, "이 주장은 선행 연구와 배치되는 부분이 있어 추가적인 설명이 필요해 보인다"와 같이 글의 내용에 초점을 맞추어 의견을 제시한다.

(2) 구체성의 원칙

막연한 지적은 사실상 당신의 연구에 관심이 없다는 얘기로서, 실질적인 도움이 되지 않는다. 어느 부분의 논리가 어떻게 부족한지 구체적으로 짚어주어야 한다. 또한 가능하다면 문제점을 지적만 하는 데서 그치지 않고, 개선을 위한 대안을 함께 제시하는 것이 바람직하다.

나쁜 예

- "결론 부분이 약하다."
- "전체적으로 논리가 부족하다"

좋은 예

- "결론의 두 번째 문단이 본론에서 논의되지 않은 새로운 개념을 제시하고 있어 논리적 비약으로 읽힐 수 있다. 이 부분을 삭제하거나, 본론에서 미리 언급하는 방안을 고려해볼 수 있다."
- "이 주장의 근거가 부족해 보인다. A라는 학자의 B이론을 인용하면 논증이 한층 강화될 것이다."
- "표 2의 데이터가 설명 없이 제시되어 독자가 해석하기 어렵다. 표 아래에 분석 방법이나 변수 정의를 간단히 추가하면 이해를 돕는 데 효과적일 것이다."

- “3장의 두 번째 단락이 지나치게 길어 핵심이 흐려질 수 있다. 문단을 둘로 나누고, 첫 문단에는 연구 배경, 두 번째 문단에는 구체적 사례를 배치하는 방안을 고려할 수 있다.”
- “연구 방법 부분에서 자료 수집 절차가 요약만 되어 있다. 조사 대상자 선정 기준과 표본 수를 명시하면 신뢰도를 높일 수 있다.”

14장

프로포절, 최종 심사

지금까지의 모든 과정은 이제 다가올 공식적 통과의례를 위한 준비였다고 해도 과언이 아니다. 바로 '논문 프로포절(proposal) 발표'와 '최종 심사(defense)'이다.

14.1 논문 프로포절 발표[62]

프로포절 발표의 핵심 목표는 하나다. 청중(심사위원)에게 "이 연구는 충분히 중요하고, 독창적이며, 현실적으로 수행 가능하다"는 확신을 심어주는 것이다. 시간과 노력을 투자할 만한 가치 있는 연구 계획을 가지고 있음을 증명하는 과정이다.

62 각자의 소속에 따라 혼선이 있을 수 있어 정리를 좀 할 필요가 있을 듯하다. 본래 프로포절은 연구계획서를 의미하는 것이며, 그래서 프로포절 발표란 본격적인 연구 착수 전, 연구의 목적·질문·방법 등을 청중 앞에서 설명하고 피드백을 받는 절차이다. 반면, '청구논

14.1.1 설득력 있는 발표 자료 만들기

제한된 시간 안에 연구의 핵심을 효과적으로 전달하기 위해서는 잘 설계된 발표 자료(PPT)가 필수적이다. 화려한 디자인보다 중요한 것은 내용의 간결성과 논리의 명확성이다.

(1) 전체 구조는 단순하게

발표는 보통 15~20분 내외로 진행된다. 너무 많은 내용을 담으려 욕심내기보다, 다음의 흐름에 따라 간결하게 구성해야 한다.

- (1단계) 무엇이 문제인가? (연구 배경 및 문제 제기)
- (2단계) 다른 사람들은 무엇을 했는가? (핵심 선행 연구와 그 한계)
- (3단계) 그래서 나는 무엇을 할 것인가? (연구 목적 및 질문)
- (4단계) 이 연구가 왜 새로운가? (연구의 차별성 및 학문적 의의)
- (5단계) 어떻게 할 것인가? (연구 방법 및 절차)
- (6단계) 무엇을 기대하는가? (예상 결과 및 기여)

문발표'는 거의 완성된 논문을 최종 심사 전에 공개적으로 발표하는 절차로, 두 용어는 정의상 구분되어야 하는 게 맞다. 하지만 실제로 국내 대학에서는 프로포절(연구계획서) 발표를 별도로 시행하지 않고, 지도교수의 검토와 승인을 받아 시스템에 연구자 본인이 직접 입력하는 수준에서 마무리되는 경우가 많다. 이러한 맥락에서 일부 대학이나 학과에서는 '청구논문발표'를 '프로포절 발표'와 혼용하여 사실상 동일한 절차로 운영하기도 한다. 이 책에서 소개하는 '프로포절 발표'는 원래의 정의와 목적에 근거한 것으로, 각자의 소속 기관이나 학과의 실제 운영 방식에 맞게 유연하게 해석하고 적용하기 바란다.

⑵ 슬라이드는 시각적으로

- 한 슬라이드에 너무 많은 텍스트를 담는 것은 '최악'의 전략이다.
- 핵심 키워드와 간결한 문장을 사용하고, 복잡한 관계나 과정은 다이어그램이나 도표를 활용하여 시각적으로 보여주는 것이 효과적이다.
- 슬라이드는 발표를 보조하는 자료일 뿐, 슬라이드를 그대로 읽는 발표가 되어서는 안 된다. 슬라이드를 읽는 순간, 당신과 심사위원 사이의 소통은 끊어지고, 발표는 지루한 낭독회로 전락한다.

⑶ 시간 배분과 예행연습

- 단계별로 시간 배분을 미리 계획하고, 반드시 시간을 재면서 여러 번 연습해야 한다. 시간을 초과하는 것은 준비 부족의 증거로 비칠 수 있다.
- 예행연습은 가족, 친구나 스터디 그룹 앞에서, 안 되면 혼자 거울 앞에서라도 해보아야 한다. 스마트폰으로 녹화를 하고 제3자의 입장에서 다시 보면 큰 도움이 된다. 뛰어난 연설자들도 다 하는 일이다.

14.1.2 예상 질문 리스트업과 답변 전략

발표만큼이나 중요한 것이 질의응답(Q&A) 시간이다. 심사위원들은 질문을 통해 연구자가 자신의 연구를 얼마나 깊이 있고 비판적으로 고민했는지를 평가한다.

- **예상 질문 목록 만들기**

  심사위원의 입장이 되어 자신의 연구 계획에 대해 나올 수 있는 질문을 스스로에게 던져보아야 한다.

주제 관련

- "이 주제가 왜 지금 시점에서 중요한가?"
- "선행 연구들과 비교했을 때 이 연구만의 독창성은 무엇인가?"
- "이 연구의 범위가 너무 넓거나 좁지는 않은가?"

이론 관련

- "왜 하필 그 이론을 선택했는가?"
- "다른 이론으로는 설명할 수 없는가?"
- "이론의 핵심 개념을 정확히 이해하고 있는가?"

방법 관련

- "그 방법으로 과연 연구 질문에 답을 할 수 있는가?"
- "연구 대상의 규모나 범위는 적절한가?"
- "자료 수집은 현실적으로 가능한가?"
- "분석 과정에서 발생할 수 있는 윤리적 문제는 고려했는가?"

윤리 및 자료 관련

- "이 연구는 연구 대상자 보호 및 윤리적 절차를 충분히 고려했는가?"
- "필요한 자료를 현실적으로 확보할 수 있는가?"

- **답변의 원칙**

(1) 두괄식으로 답변

- 질문의 핵심에 대해 ①먼저 명확하게 답변하고, ②구체적인 이유와 근거를 설명한다.

- 장황한 변명이나 배경 설명으로 시작하면, 심사위원의 표정이 바로 찌푸려지는 것을 선명하게 볼 수 있을 것이다.

(2)방어하지 말고 토론

- 지적을 받았을 때는 감정적으로 방어하지 말고, 연구를 더 발전시킬 수 있는 학문적 논의의 기회로 삼겠다는 태도를 (의도적이라도) 꼭 보이도록 한다.
- (예시) "좋은 지적에 감사드립니다. 심사위원님께서 말씀해주신 부분은 제가 미처 생각하지 못했던 지점입니다. 그 관점을 고려하여 연구 설계를 보완한다면, 제 연구가 더 풍부해질 수 있을 것 같습니다. 그 부분에 대해서는 다음과 같이 고민하고 있습니다."

(3)모르는 것은 인정

- 미처 생각해보지 못한 질문을 받았다면, 섣불리 변명하기보다 솔직하게 인정하는 것이 더 좋은 인상을 준다. 무지를 드러내는 게 아니다.
- (예시) "매우 중요한 지적이지만, 아직 그 부분까지는 깊이 생각해보지 못했습니다. 앞으로 연구를 진행하며 반드시 보완하도록 하겠습니다."
- 예행연습을 통해 이 경우에 대한 감정 조절을 미리 경험해 두어야 한다. 얼굴이 빨개지면서 말을 더듬기 시작하는 것은 최악의 시나리오다.[63]

63 대학원생 시절, 이런 조언을 들으면 겉으로는 듣는 척해도 속으로는 피식거렸던 기억이 난다. 나이에 어울리는 적당하고 괜찮은 미숙함은 자연의 순리 같은 것이라, 이기는 게 여

14.2 최종 심사

최종 심사는 그야말로 '결과'를 증명하는 자리이다. 지난 시간, 수행한 연구의 모든 과정을 평가받고, 학위를 받을 자격이 있음을 심사위원 앞에서 최종적으로 공인받는 무대이다.

14.2.1 심사 현장 발표

수여받는 학위의 종류나 또는 학교별, 학과별 기준으로 인한 차이는 있겠으나, 논문 1차 심사 현장의 첫 과제는 "자신의 논문을 간단히 설명해 보세요"와 같은 심사위원장의 요청으로 시작될 가능성이 많다. 이 발표는 프로포절 발표(경우에 따라서는 현실적으로 청구논문발표)와는 좀 다른 구성으로 짜는 게 좋다. 연구의 배경이나 방법론에 대한 설명은 간결하게 줄이고, 연구를 통해 무엇을 새롭게 밝혀냈는지, 즉 '연구의 결과(Findings)'와 '학문적 기여(Contribution)'를 강조하는 데 집중해야 한다.

- **최종 심사 발표의 흐름**
  - (1) 연구 질문 및 핵심 주장 재확인
  - (2) 연구 방법 및 과정 요약 (간결하게)
  - (3) 핵심적인 분석 결과 제시 (가장 중요하고 흥미로운 결과 중심으로)
  - (4) 결과에 대한 심층적 논의 (이 결과가 무엇을 의미하는가?)
  - (5) 결론: 연구의 의의, 한계, 후속 연구 제언

간 쉬운 일이 아니란 것도 이해한다. 그래도 '신중하게 받아들이길 권한다'고 말해주어야 하는 것이, 지나고 보니 생각보다 훨씬 중요한 일이었음을 깨달은, 필자의 입장이 되었다. 듣든지 안 듣든지.

14.2.2 질의응답

석사 학위는 1차 심사로 끝나는 경우도 있지만, 대부분은 연구자의 간단한 발표가 끝난 후, 날카롭고 본질적인 질의응답이 수 차례에 걸쳐 본격적으로 이어진다. 심사위원들의 전공이 서로 조금씩 다를 수 있고, 연구자의 전공과 완전히 일치하지 않을 수 있어서, 심사를 받는 입장으로서는 이에 대처하는 것이 여간 어려운 일이 아니다. 자신의 논문을 심사위원의 입장이 되어 까다롭고 까칠하기 이를 데 없는 비평가의 눈으로 읽으며, 예상되는 공격 지점을 하나하나 미리 파악하여 답변 논리를 치밀하게 사전 구축하는 수밖에 없다. 지면을 통해서는 원론적인 얘기를 할 수밖에 없지만, 그래도 14.1.2(프로포절 발표)에서 봤던 답변 전략을 기본으로 삼으면서 아래의 사항을 사전 점검하도록 한다.

- **핵심 점검 사항**

해석의 타당성

> 예상 질문: "이 데이터를 꼭 그렇게 해석해야만 하는가? 다른 해석 가능성은 없는가?"

- 준비 전략: 자신의 해석 외에도 가능한 대안적 해석을 몇 가지 검토해 두고, 본인의 해석이 더 설득력 있는 이유를 설명할 수 있도록 한다.

논리의 비약

> 예상 질문: "A에서 B로 넘어가는 과정에 논리적 근거가 충분한가?"

- 준비 전략: 주요 전환점에서 선행연구, 이론적 근거, 구체적 자료를 근거로 보완해 두어야 한다.

연구의 한계

> 예상 질문: "이 연구의 한계는 무엇이며, 이를 보완하기 위해 어떤 노력을 기울였는가?"

- 준비 전략: 표본 규모, 연구 방법, 범위 제한 등 한계를 솔직하게 인정하되, 이를 최소화하기 위한 보완 조치를 구체적으로 제시한다.

학문적 기여

> 예상 질문: "이 연구가 학문적·실천적으로 어떤 기여를 하는가?"

- 준비 전략: 기존 연구와 비교하여 새로운 시사점, 방법론적 확장, 실제 적용 가능성을 간결하고 명확하게 정리해 두어야 한다.

자신의 논문을 절대적인 진리인 양 방어하려 하기보다(무조건 실패함!!), 하나의 가능한 해석이자 주장으로서 그 논리적 타당성과 기여를 설득력 있게 설명하는 것이 중요하다. 심사는 연구를 끝내는 과정이기도 하지만, 새로운 학문적 대화를 시작하는 출발점임을 기억해야 한다.

14.2.3 심사 의견 답변서 작성

심사가 끝난 후, 위원들은 수정 및 보완 사항을 담은 심사의견서를 전달한다. 이때 연구자는 심사자의 지적 내용을 어떻게 반영하여 논문을 수정했는지 명확하게 보여주는 답변서, 즉 '수정대조표'를 작성하여 제출해야 한다. 이는 연구자가 피드백을 얼마나 진지하게 검토하고 성실하게 수정했는지를 보여주는 것으로, 이 과정이 제대로 이루어지지 않을 경우 곤란을 겪을 수 있다.

- **수정대조표의 핵심 구성 요소**

지적 사항

- 심사위원의 의견을 왜곡 없이 정확하게 기재한다.

수정 내용

- 지적 사항을 반영하여 논문의 어느 부분을(페이지, 문단, 줄 번호 등) 어떻게 수정했는지 구체적으로 서술한다.
- 수정 전과 후의 내용을 비교하여 보여주면 더욱 좋다.

수정(미반영) 사유

- 왜 그렇게 수정했는지에 대한 논리적 근거를 간략히 제시한다.
- 만약 심사위원의 의견을 따르지 않았다면, 그 이유를 정중하고 설득력 있게 설명해야 한다. (심사 현장의 분위기가 정말 좋았고 미반영 사유를 잘 설명할 경우에 한해) 비판적 사고 능력을 갖춘 독립적인 연구자임을 보여줄 가능성도 있을 수 있다.

• 수정대조표 작성 예시

지적 사항	수정 내용 및 사유
구조적 문제 2장의 이론적 배경이 본론의 분석과 어떤 관련이 있는지 명확하지 않다는 점이 아쉽습니다.	**수정 내용** 지적해주신 점을 반영하여, 2장의 이론적 틀이 3, 4장의 분석에 어떻게 적용될 것인지 구체적으로 서술하는 문단을 추가했습니다. (수정본 p.25)
내용의 문제 제시된 사례만으로는 주장을 일반화하기에 부족해 보입니다.	**수정 내용** 주장의 설득력을 높이기 위해, 본론 4.2절에 두 가지 추가 사례를 보강하고, 각 사례에 대한 분석을 덧붙였습니다. (수정본 p.67-69)
표현의 문제 '정동적 노동'이라는 핵심 개념이 명확한 정의 없이 사용되고 있습니다.	**수정 내용** 2.1절에서 '정동적 노동' 개념을 처음 제시할 때, 그 학문적 정의와 주요 특징을 상세히 설명하는 각주를 추가하여 독자의 이해를 돕고자 했습니다. (수정본 p.22, 각주 3)
다른 관점 제안 '정동적 노동' 개념을 A 학자의 관점에서 재해석할 것을 제안합니다.	**미반영 사유** 좋은 지적에 깊이 감사드립니다. 다만 본 연구는 B 학자의 관점을 핵심적인 이론적 틀로 삼아 전체 논증을 구성하고 있어, A 학자의 관점을 추가로 반영할 경우 논문의 전체적인 일관성을 해칠 우려가 있다고 판단했습니다. 심사위원님께서 지적해주신 중요한 논점은 본 연구의 한계로 명시하고, 후속 연구 과제로 심화시키고자 합니다. (수정본 p.89)

15장

세상에 알리기

학위논문은 그 자체로 이미 훌륭한 결실이다. 그런데 이를 더 의미있게 활용하는 법이 있다. 결과의 일부를 개선·확장해 '학술지 논문'이라는 형태로 발전시켜 나가는 것이다.[64]

64 학위논문을 바탕으로 학술지 논문을 작성하는 것이 학문적 윤리에 어긋나는 일은 아니다. 다만, 자기표절로 오해받지 않도록 투고 시 해당 논문이 학위논문에 기반했음을 커버레터, 각주 등을 통해 명확히 밝히고, 단순한 발췌나 요약이 아닌 새로운 구조와 논리로 재구성해야 한다. 한편, 자신이 학술지에 이미 게재한 논문을 학위논문에 편입하려는 경우, 해외 일부 대학에서는 이를 '논문 모음 형식(cumulative dissertation)'을 통해 공식적으로 허용하기도 한다. 그러나 국내 대학은 (전공이나 기관에 따라 차이가 있을 수 있으나) 단일한 완성본 형태의 학위논문을 요구하여 허가하지 않는 경우가 대부분이므로 반드시 소속 대학의 관련 지침을 필히 확인해야 한다. 물론, 자신의 발표 논문을 학위논문에 하나의 참고문헌으로 '인용'하는 것은 당연히 허용된다. 논문 전체를 복사해 붙이는 것은 명백한 자기표절이지만, 다른 연구자의 논문을 인용하듯 출처를 명확히 밝히고, 새로운 논의의 일환으로 비판적 재해석이나 확장을 수행한다면 학문적으로 정당한 방식이기 때문이다. 다만, 출판된 논문의 저작권이 학술지에 귀속된 경우, 본문 일부를 그대로 재사용하거나 표·그림을 활용하려면 해당 출판사의 허락을 받아야 한다.

15.1 학위논문을 학술지 논문으로

학위논문이 연구 수행 능력과 학위 취득 자격을 입증하기 위한 일종의 '종합 보고서'라면, 학술지 논문은 동료 연구자들의 시선을 단숨에 사로잡아야 하는, 압축적인 '하나의 핵심 주장'이다. 따라서 학위논문을 그대로 줄이기만 해서는 좋은 학술지 논문이 될 수 없다. '선택과 집중'을 통한 재구성이 필요하다.

- **핵심 주장 추출**
  - 학위논문은 여러 개의 작은 주장을 포함하고 있다. 예를 들어, 5개의 장으로 구성된 학위논문은 적어도 2~3개의 독립된 논문으로 출판할 수 있는 잠재력을 가진다.
  - 독창적이고 단단한 근거를 가진 핵심 주장(core argument)만을 골라내 하나의 메시지만을 명확하게 전달하도록 한다.

- **분량 압축**
  - 연구 방법이나 자료에 대한 지나치게 상세한 설명, 방대한 선행 연구 목록, 부차적 분석 결과 등은 과감히 줄이고, 독자들이 가장 궁금해할 '핵심적인 연구 결과'와 그 결과가 가지는 '학문적 함의(implication)'를 중심으로 내용을 재편성한다.
  - 내용이 아까워서 이것저것 섞으려 하면, 결국에 가서는 산만한 논문이 되기 쉽다. 모든 문장을 다시 쓰면서, "이 문장이 내 핵심 주장을 증명하는 데 과연 필요한가" 계속 질문해야 한다.

- **서사 재구성**
  - 선행 연구 검토
    선행 연구를 단순히 나열하지 말고 비판적으로 재구성, 자신의 연구가 어떤 학문적 빈틈을 메우는지 서론에서부터 분명하게 보여주는 것이 좋다.
  - 이론과 분석의 통합
    이론적 배경과 분석 챕터를 분리하기보다, 분석 과정에 이론을 자연스럽게 녹여내어 '이론적 틀을 통해 데이터를 이렇게 해석했다'는 점을 보여주는 것이 더 효과적이다.

15.2 투고 학술지 선정

- **범위와 적합성**
  - 먼저 해야 할 일은 관심 있는 학술지의 홈페이지에서 '학술지 소개(About the Journal)'나 '목표와 범위(Aims and Scope)'를 꼼꼼히 읽는 것이다.
  - 내 논문의 주제, 연구 방법, 이론적 관점이 학술지가 추구하는 방향과 일치하는지 확인한다. 이를 위해 최근 1~2년간 해당 학술지에 실린 논문들의 제목과 초록을 훑어본다.

- **학술지의 수준과 영향력 파악**
  - 학술지의 권위와 영향력을 판단하는 객관적인 지표들을 참고한다(3.2 참조).
  - 국내 학술지는 KCI(한국연구재단 등재 여부)와 함께 제공되는 인용지수를 참고하고, 국제 학술지는 SCIE/SSCI/A&HCI 등재 여부와 JCR의

영향력 지수(IF)를 비롯해 CiteScore, SNIP, SJR 등의 다양한 지표를 함께 검토하여, 자신의 연구 수준과 주제에 가장 적합한 학술지를 목표로 삼는 것이 바람직하다.[65]

- 이때, 약탈적 학술지(predatory journal)를 피하는 것이 매우 중요하다. 약탈적 학술지는 엄격한 동료 심사 없이 오직 게재료 수입을 목적으로 논문을 출판하는 곳으로, 여기에 논문을 게재하면 연구자로서의 경력에 매우 심각한 오점을 남기게 된다.[66]

65 CiteScore: 엘스비어(Elsevier)에서 제공하는 학술지 영향력 지표로, 특정 연도의 논문이 지난 3년간 해당 저널에 게재된 문헌(논문, 리뷰 등)에서 평균적으로 몇 번 인용되었는지를 보여준다. JCR의 IF와 유사하지만, 더 다양한 출판 유형을 포함하고, 계산 기간도 다르다는 차이가 있다.
SNIP (Source Normalized Impact per Paper): 라이덴 대학 CWTS(Centre for Science and Technology Studies)에서 개발한 지표로, 학문 분야마다 인용 관행이 다른 점을 보정한다. 가령, 인문학처럼 인용률이 낮은 분야와 생명과학처럼 인용률이 높은 분야를 동일 기준으로 비교할 수 있도록 설계된 지표이다.
SJR (SCImago Journal Rank): 스페인의 SCImago 연구그룹이 개발한 지표로, 인용 횟수뿐만 아니라 인용을 제공한 학술지의 '권위'를 가중치에 반영한다. 구글의 PageRank 알고리즘과 유사한 방식으로, 단순 인용 수보다 저널 간 위상 차이를 반영하는 것이 특징이다.

66 약탈적 학술지는 비전문적인 웹사이트, 비현실적으로 짧은 심사 기간(예: 1주일 이내), 심사 과정 없이 즉시 게재, 불투명한 게재료 청구 등과 같은 특징을 보인다. 이를 식별하기 위해서는 DOAJ(Directory of Open Access Journals), Web of Science, Scopus, Cabell's Predatory Reports 등 공신력 있는 데이터베이스를 참고한다. 잘못 게재했다가 나중에라도 사실이 드러날 경우 임용, 계약 연장이 취소되는 등, 오랜 세월 공들여 쌓은 탑이 그야말로 한 순간에 무너지는 일이 발생한다. 필자가 실제로 목격한 안타까운 일이다. 학업을 마치고 취업을 하는 것은 현실이고, 모든 과정과 결과에 대한 책임은 오직 본인이 지는 것이다. 자신의 앞날을 위해 정말로 신중을 기하기를 당부한다.

- **학술지 검색 방법**

  (1) 내 참고문헌 목록 확인

  - 논문에서 중요하게 인용한 선행 연구들이 어떤 학술지에 실렸는지 살펴본다.

  (2) 데이터베이스 및 출판사 도구 활용

  - Web of Science, Scopus와 같은 주요 학술 데이터베이스는 '결과 분석(Analyze Results)' 기능을 제공한다. 이를 통해 특정 키워드로 검색된 논문들이 어떤 학술지에 주로 게재되었는지 정량적으로 파악할 수 있다.
  - Elsevier, Springer Nature, Wiley 등의 주요 출판사는 적합한 투고처를 찾는 온라인 도구를 운영한다. 'Journal Finder', 'Journal Suggester'로 불리는 이 서비스는, 논문 제목과 초록을 인공지능으로 분석하여 주제와 유사성이 높은 자사(自社) 저널 목록을 추천한다.

  (3) 지도교수 및 선배의 조언

  - 해당 분야의 생태계를 가장 잘 아는 사람은 역시 그래도 지도교수와 선배들이다. 자신의 연구에 맞는 학술지를 추천해달라고 적극적으로 조언을 구해야 한다.

15.3 투고와 심사

투고 전 체크리스트

- **투고 규정 숙지**

  - 각 학술지는 원고 분량, 참고문헌 양식, 각주 표기법, 그림·표 제

출 방식 등 고유한 작성 지침(Author Guidelines) 또는 하우스 스타일 (house style)을 가지고 있다.

- 규정을 꼼꼼히 읽고, 논문 형식을 철저히 맞춰야 한다. 형식이 맞지 않으면 내용 심사 전에 '사전 반려(desk reject)'될 수 있다.

• **커버 레터(Cover Letter) 작성**

- 논문과 함께 학술지 편집장에게 보내는 짧은 편지이다. 이 논문이 왜 이 학술지에 적합한지, 그리고 어떤 학문적 기여를 하는지를 간결하게 제시한다.[67]

67 대부분의 국제 학술지에서는 커버레터 제출을 필수로 요구하며, 온라인 투고 시스템 내에 별도 입력란이 마련되어 있다. 반면, 국내 학술지의 경우는 이를 요구하지 않거나 형식적으로만 받는 경우도 많다. 그럼에도 불구하고, 논문이 학위논문 기반임을 밝히거나, 이전 투고 이력을 설명하는 등 편집자에게 추가 정보를 제공할 필요가 있는 경우, 요구 여부와 관계없이 커버레터를 간단하게라도 작성해두는 것이 바람직하다. 아래에 영문 커버레터 예시 사례를 소개한다.

Dear Editor,

I am pleased to submit the manuscript entitled "______________________________" for consideration for publication in [Journal Name].

This paper is a revised and expanded version of a chapter from my doctoral dissertation, which was submitted to [University Name] in [Year]. The manuscript has been substantially rewritten to meet the scope and standards of your journal. All content has been restructured and reframed for an academic audience, with significant updates in both analysis and interpretation.

To the best of my knowledge, this work has not been published elsewhere and is not under consideration by any other journal.

Thank you for your time and consideration. I look forward to your feedback.

Sincerely,
[Author's Full Name]
[Affiliation]
[Email Address]

• **기본 정보 준비**

- 논문의 초록(abstract), 핵심 키워드(keywords), 저자 및 소속 정보, 연락처 등을 학술지의 요구 양식에 맞게 준비한다.
- 일부 학술지는 추천 및 배제 희망 심사자 요청을 받는 경우도 있으므로, 해당 여부도 확인한다.[68]

동료 심사 과정과 결과

논문이 투고되면, 편집장은 익명의 해당 분야 전문가 2~3명에게 심사를 의뢰한다(동료 심사, Peer Review). 심사가 끝나면 투고자는 다음 네 가지 중 하나의 결과를 받게 될 것이다.

(1) 게재 승인 (Accept)

- 매우 드문 경우로, 소폭 교정 외에는 추가 수정 없이 게재가 확정되는 상황이다.

(2) 수정 후 게재 (Minor/Major Revision)

- 가장 일반적이고 긍정적인 결과이다.
- Minor Revision: 문장 표현, 참고문헌 보완 등 비교적 작은 수정 후 게재가 가능하다는 신호이다.

68 국내 학술지의 경우 아직까지 흔한 케이스는 아니지만, 일부 국제 학술지는 투고 시 저자가 추천 심사자(preferred reviewers) 또는 배제 희망 심사자(excluded reviewers) 명단을 제출할 수 있도록 한다. 연구자 간의 이해충돌을 방지하고, 해당 분야의 적절한 전문가가 심사에 배정되도록 하기 위한 절차이다. 추천된 인물이 실제 심사자가 될 지의 여부는 편집장이 판단하며, 해당 심사자와 저자 간의 직접적인 소통은 없다. 따라서 블라인드 심사의 원칙은 여전히 유지된다.

- Major Revision: 추가 분석이나 논리 보완 등 상당한 수정이 요구되며, 수정의 질에 따라 게재 여부가 달라질 수 있다.

(3) 수정 후 재심사 (Revise and Resubmit)

- 논문의 핵심적인 아이디어는 흥미롭지만, 논리나 근거에 큰 결함이 있어 대대적인 수정을 거친 뒤 다시 처음부터 심사를 받으라는 의미이다.[69]

(4) 게재 불가 (Reject)

- 논문의 독창성이 부족하거나, 연구 설계에 치명적인 결함이 있거나, 해당 학술지의 성격과 맞지 않을 경우 받는 결과이다.

69 수정 후 게재, 수정 후 재심사 결과를 받은 경우, 대부분의 학술지는 다음 제출 시 수정대조표(Revision Table) 또는 응답서(Response Letter) 작성을 요구한다. 이 문서에는 각 심사 의견에 대한 응답(답변)과 논문에서의 구체적 수정 사항을 하나씩 짝지어 정리해야 한다. 심사자의 피드백에는 예의와 감사의 표현을 포함한 문장으로 응답하되, 단순 수정 사항은 수정했음을, 큰 수정은 보완의 논리를, 그리고 동의하지 않는 부분은 이유와 근거를 들어 정중히 응답하거나 반박해야 한다. 이 부분은 앞서 설명한 학위논문 발표 이후의 피드백 수용 및 대처 과정과 거의 유사하다고 보면 된다(14장 참조).

16장

논문과 AI

AI는 연구 과정 전반에 걸쳐 지적 파트너, 즉 '공동 파일럿(co-pilot)'의 역할을 수행할 수준에 도달했다. 이제는 효율성 향상 도구 수준이 아니라, 연구자의 창의성을 자극하고 지적 탐구의 깊이를 확장하는 존재로 부상하고 있다. 이러한 변화 속에서 연구자는 AI가 생성한 콘텐츠의 타당성을 면밀히 검토하고, 이를 자신의 지적 프레임워크에 책임 있게 통합할 수 있는 역량을 갖추어야 한다.

16.1 AI 모델과 학술 연구

모든 생성형 AI 모델이 모든 과업에서 동일한 성능을 보이는 것은 아니다. 특정 과업에서 특정 모델이 상대적으로 우위에 서는 이른바 '과업 특화 우위성(task-specific superiority)' 현상이 관찰된다. 예컨대 일부 보고에 따르면, Claude는 정교한 학술 글쓰기와 편집에서, ChatGPT는 다양한 아이디어 구상과 다목적 활용에서, Gemini는 방대한 데이터 처리와 학습 지원에서 강점을 보이는 경향이 있다. 물론 이러한 우위의 양상은 모델의 업그레이드와 환경 변화에 따라 언제든 달라질 수 있다. 그럼에도 이러한 차별화는 연구자에게 새로운 비용 구조를 부여한다. 즉, 과업별로 최적화된 도구를 활용하기 위해 여러 플랫폼을 병행해야 하고, 이 과정에서 '맥락 전환 비용(cost of context switching)'이 발생한다. 실제로 연구자는 하나의 논문을 완성하기 위해 ChatGPT로 개요를 구상하고, Claude로 본문을 작성·수정하며, Gemini로 데이터를 분석하는 식의 복합 워크플로우를 관리해야 하는 상황에 직면할 수 있다. 이러한 변화는 이미 진행 중인 흐름으로, 연구자들은 동료 연구자와의 정보 공유를 통해 최신 동향을 파악하고, 각자의 연구 목적에 맞게 도구를 전략적으로 활용하는 역량을 요구받고 있다.

16.1.1 모델별 비교[70]

- **ChatGPT (OpenAI)**

  ChatGPT는 다목적 활용에 최적화된 모델로, 브레인스토밍, 일반 글쓰기, 코딩, 맞춤형 GPT 생태계 활용에서 강점을 보이는 것으로 보고된다. 2024년 도입된 '메모리(memory)' 기능은 이전 대화와 사용자의 선호를 기억하여 장기 연구 프로젝트에서도 맥락을 유지한 지원을 제공한다. 다만, 결과물에 상투적 표현이 혼입되는 경향이 있어 학술 글쓰기에 활용할 경우 후속 편집이 요구된다.

70 서비스 정책 변경에 따라 위 내용은 수시로 변동될 수 있으므로, 보다 자세한 최신 정보는 각 모델의 최근 공식 문서, 개발사 공지, 벤치마크 결과 등을 참조하기 바란다.

- **Claude** (Anthropic)

  Claude는 긴 문서 독해와 요약 능력에서 특화된 성능을 보이는 것으로 평가되며, 일부 언론 평가(Washington Post)에서는 최고 수준의 결과가 보고되기도 하였다. 또한 자연스럽고 정교한 문체를 구사하며, 복잡한 이론 비교나 학술적 편집 과업에서 강점을 보이는 경향이 있다고 한다. 강화된 툴 사용 기능을 통해 코드 생성 및 실행 지원이 가능하나, 현재 이미지 생성 기능은 제공하지 않는다.

- **Gemini** (Google)

  Gemini는 교육 및 학습 지원 분야 벤치마크(Arena for Learning)에서 높은 성과를 기록하였으며, 일부 평가에서는 GPT-4o 및 Claude를 상회한 것으로 보고되었다. 최대 100만 토큰의 대용량 컨텍스트 창과 빠른 Flash 모델을 제공하며, Google Workspace와의 긴밀한 연동이 특징으로 언급된다. 그러나 장기간 대화에서 맥락 유지가 불완전하다는 사용자 피드백도 있다.

- **Grok** (xAI)

  Grok은 X(구 Twitter) 기반 데이터에 특화된 모델로, 시사 및 여론 분석에서 강점을 보이는 것으로 관찰된다. 사회 동향 연구와 같은 영역에서 유용할 수 있으나, 데이터의 실시간 반영 정도는 기술적 제약과 정책적 요소에 따라 변동될 수 있다. 또한 기초 문헌 연구나 학술적 자료 분석에는 적합하지 않다는 평가도 제시된다.

16.1.2 연구 과정에서 AI의 활용

(1) 아이디어 발상 및 연구 설계

생성형 AI는 막연한 아이디어를 구체적인 연구 계획으로 발전시키는 데 효과적인 파트너 역할을 할 수 있다. 다만, "논문 주제 추천해줘"와 같은 단순 질문 대신, 정교한 프롬프트를 사용하는 것이 중요하다.

예시

> 나는 디지털 불평등에 관심 있는 사회학 박사과정 학생이다. 나의 연구 지도교수 역할을 맡아, 학위논문을 위한 독창적인 연구 질문 5가지를 제안해달라. 각 질문에 대해 적합한 연구 방법론(사례 연구, 설문조사 등)을 제시하고, 내가 반드시 참고해야 할 핵심 이론가 3명을 식별해달라.

(2) 문헌 연구 지원

논문 요약 예시: 난해한 이론의 논문 PDF를 업로드한 후

> 이 논문의 핵심 주장을 300단어로 요약하라. 그리고 이 논문의 주된 이론적 기여, 사용된 방법론, 그리고 세 가지 주요 한계를 목록으로 정리하라.

이론 비교 예시

> 푸코의 '생명권력' 개념과 아감벤의 '벌거벗은 생명' 개념을 비교하는 표를 만들어라. 표에는 정의, 핵심 사상가, 주요 적용 사례, 그리고 핵심 차이점 항목을 포함하라.

(3) 학술적 글쓰기 및 편집

- 글쓰기 장벽 극복

  AI를 이용해 초안의 뼈대를 만들 수 있다. 생성된 초안을 바탕으로 자신의 논리와 문체에 맞게 대폭 수정하고 재작성하는 방식이다.

- 문체 다듬기

투박한 버전

> 데이터는 우리가 테스트한 것이 꽤 잘 작동했다는 것을 보여주었다.

학술적 어조 변환

> 실증 분석 결과, 실험 대상 개입은 통계적으로 유의미한 긍정적 효과를 나타내는 것으로 확인되었다.

- 비영어권 연구자 지원:

  모국어 작성 초안을 AI로 초벌 번역한 후, Grammarly 등의 교정 도구를 이용해서 검토하는 방식의 워크플로우로 언어적 완성도를 높일 수 있다. 물론 여기서 끝내지 말고 최종적으로 관련 분야 원어민의 감수를 받는 것이 가장 확실한 방법이다.

(4) 데이터 분석 및 시각화

- 코드 생성

예시: Jupyter Notebook에서 테스트할 수 있는 코드를 얻기 위해

> 나는 'age', 'income', 'education_level' 열을 가진 pandas DataFrame 'df'를 가지고 있다. seaborn 라이브러리를 사용하여 각 교육 수준별 소득 분포를 보여주는 바이올린 플롯을 생성하는 Python 스크립트를 작성하라.

- 질적 코딩 보조

예시: 코딩 전 초기 아이디어를 얻기 위해

> 원격 근무 경험에 대한 이 인터뷰 녹취록을 읽고, 일과 삶의 균형, 기술, 그리고 관리와 관련된 새로운 주제들을 식별하여 목록으로 만들어라.

16.2 AI의 환각과 윤리적 문제

AI의 활용은 연구의 효율성을 높일 수 있지만, 동시에 학문적 진실성과 신뢰를 위협하는 윤리적 위험을 수반한다. 따라서 연구자는 LLM[71]이 제

71 LLM(Large Language Model, 대규모 언어모델)이란 방대한 텍스트 데이터를 학습해, 주어진 입력에 가장 적합한 단어와 문장 패턴을 확률적으로 예측·생성하는 인공지능 모델이다.

공하는 모든 정보와 주장을, 독립적인 1차 출처를 통해 확인하기 전까지는 잠정적으로 거짓이라는 전제에서 출발해야 한다. 또한 AI가 생성한 텍스트를 출처 표기 없이 그대로 사용하는 것은 명백한 표절이며, AI가 제시한 아이디어나 논리 구조를 단어만 바꾸어 자신의 창작물처럼 제시하는 '모자이크 표절(mosaic plagiarism)' 역시 중대한 연구 부정행위에 해당한다.

특히 주의해야 할 문제는 AI의 환각(hallucination) 현상이다. 이는 단순한 시스템 오류가 아니라, 확률적으로 가장 그럴듯한 단어와 문장 순서를 생성하도록 설계된 LLM의 작동 원리에서 비롯된다. 모델은 사실 여부를 이해하거나 검증할 능력이 없으며, 훈련 데이터에서 학습한 패턴을 기반으로 통계적으로 적합해 보이는 응답을 산출할 뿐이다. 이 과정에서 존재하지 않는 인물, 사건, 데이터, 참고문헌을 매우 그럴듯하게 만들어 내는 것이다. 실제로 세계적인 학술 출판사에서 AI가 생성한 가짜 참고문헌이 포함된 원고가 출판되었다가 오류가 발견되어 이후 철회된 사례가 있었고, 법률 분야에서는 변호사가 ChatGPT가 작성한 존재하지 않는 판례를 인용해 문제가 된 경우도 보고되었다.

또 하나 간과해서는 안 되는 부분은 데이터 프라이버시다. AI 도구에 데이터를 입력할 경우, 해당 회사가 이를 모델 훈련에 활용할 수 있다는 점을 인식하고 있어야 한다. 특히 인간 대상 연구에서 수집한 개인정보, 건강정보 등 민감 데이터는 보안이 보장되지 않은 상용 AI 플랫폼에 절대로 업로드해서는 안 된다. 이는 기관생명윤리위원회(IRB) 규정 위반이자 심각한 법적 문제로 이어질 수 있다.

16.3 새로운 규칙: 공개 및 인용 표준

AI 기술이 학술 연구 과정에 본격적으로 통합됨에 따라, 주요 학술 출판사와 연구윤리 기관들은 연구의 진실성과 투명성 보존을 위한 새로운 규범과 표준을 마련하고 있다. 단순 권고 수준을 넘어, 투고 심사와 출판의 필수 요건으로 적용되고 있는 상황이다.

16.3.1 출판사 및 기관 정책

- **AI는 저자가 될 수 없다.**
  저자 자격은 연구 내용에 대한 법적·윤리적 책임과 책무를 전제로 하므로, AI는 저자로 등재될 수 없다.

- **모든 사용은 공개되어야 한다.**
  원고 내(예: 연구 방법론, 감사의 글 등)에 어떤 AI 도구를 어떤 범위와 목적으로 사용했는지를 구체적으로 기술해야 한다.

- **인간 저자가 전적인 책임을 진다.**
  AI가 생성한 내용을 포함해 논문의 모든 진실성, 정확성, 독창성에 대한 최종 책임은 전적으로 인간 저자에게 있다.

- **동료 심사 과정에서 기밀을 유지한다.**
  심사자와 편집자는 미출판 원고를 생성형 AI에 업로드하는 것이 엄격히 금지된다.

16.3.2 AI 인용 예시[72]

APA 7판

본문 내 인용

ChatGPT는 『위대한 개츠비』의 핵심 상징 중 하나인 녹색 불빛을 "희망과 욕망의 대상을 나타내는 은유"라고 설명하였다 (OpenAI, 2025).

참고문헌(References)

OpenAI. (2025, August 8). *ChatGPT (GPT-4o version)* [Large language model]. https://chat.openai.com

MLA 9판

본문 내 인용

ChatGPT는 『위대한 개츠비』의 녹색 불빛을 "희망과 욕망의 대상"이라고 해석하였다 ("『위대한 개츠비』에 나타난 녹색 불빛의 상징성을 묘사하라").

인용 목록(Works Cited)

"『위대한 개츠비』에 나타난 녹색 불빛의 상징성을 묘사하라."

72 인용 형식은 학문 분야, 학술지 지침, AI 사용 맥락에 따라 개정될 수 있으니, 최신 매뉴얼을 확인해야 한다.

ChatGPT, GPT-4o version, OpenAI, 8 Aug. 2025, chat.openai.com.

Chicago 17판

본문 각주

ChatGPT는 『위대한 개츠비』의 녹색 불빛을 "희망과 욕망의 은유"로 설명하였다.[1]

---

1 OpenAI, *ChatGPT* (GPT-4o version, August 8, 2025), https://chat.openai.com.

본문 내 인용

ChatGPT는 『위대한 개츠비』의 녹색 불빛을 "희망과 욕망의 은유"로 설명하였다 (OpenAI 2025).

참고문헌(References, Bibliography)

OpenAI. 2025. *ChatGPT* (GPT-4o version, August 8). https://chat.openai.com.

OpenAI. *ChatGPT*. GPT-4o version. August 8, 2025. https://chat.openai.com.

부록

부록 1

논문 작성 체크리스트

아래는 이 책의 순서에 근거한 논문 작성 체크리스트이다. 각자의 환경에 맞춰서 수정, 변형하여 사용하기 바란다. "전체에서 지금 나는 어디쯤 와 있는가"를 스스로에게 묻고 답하는 것은 논문 작성의 전 과정에서 계속 해야 할 일이다.

PART 1: 시작

1. 연구 주제 선정 (제1장, 제2장)

- [ ] 나의 관심 분야 폭넓게 탐색하기
- [ ] 수업, 세미나, 독서 등을 통해 연구 주제 정하기
- [ ] 연구 주제의 독창성, 가능성, 시의성 검토하기
- [ ] 연구 주제를 연구 문제로 만들기

2. 선행 연구 분석 (제3장)

- [ ] RISS, Google Scholar 등 데이터베이스를 활용, 키워드 검색하기
- [ ] 선행 연구 5~10편 비판적 요약 및 학문적 빈틈 찾기
- [ ] EndNote, Zotero 등 문헌 관리 도구 사용하여 자료 정리 시작하기

3. 지도교수와의 소통

- [ ] 연구 관심사와 아이디어를 가지고 지도교수 첫 면담 진행하기
- [ ] 정기적인 면담 계획 수립하기

PART 2: 배경

4. 연구 방법론 결정 (제4장, 제5장)

- [ ] 논문에 가장 적합한 연구 패러다임(관점) 이해하기
- [ ] 질적 연구, 양적 연구, 혼합 연구 중 적합한 방법론 선택하기
- [ ] 연구 방법에 따른 구체적인 연구 설계(절차, 대상, 범위) 확정하기

5. 구체적 방법론 탐구 (제6장, 제7장)

- [ ] (문헌연구) 개념사, 담론, 서사, 기호학 분석 등 분석틀 학습하기
- [ ] (질적 연구) 인터뷰 질문지 초안 작성 또는 관찰 계획 수립하기
- [ ] (양적 연구) 설문지 문항 설계 또는 실험 절차 구체화하기

6. 연구 윤리 심의(IRB) 준비 (필요시)

- [ ] 인간 대상 연구의 경우, 소속 기관 연구윤리심의위원회(IRB) 규정 확인하기
- [ ] 연구 계획서, 동의서 등 필요한 서류 준비 및 제출하기

PART 3: 실제

7. 개요 작성 및 초고 집필 (제8장, 제9장, 제10장, 제11장)

- [ ] 논문 전체의 구조를 보여주는 개요 작성하기

- [ ] 개요를 바탕으로 일단 초고를 끝까지 써 내려가기
- [ ] 각 단락이 '주장-근거-해석'의 구조를 갖추었는지 점검하기
- [ ] 문헌 관리 도구를 활용하여 본문 내 인용과 참고문헌 목록 초안 생성하기

PART 4: 완성

8. 퇴고와 교정 (제13장)

- [ ] 최소 하루 이상 글과 거리를 둔 뒤, 새로운 마음으로 다시 읽기
- [ ] (거시적 퇴고) 전체 논리 구조, 단락 간 흐름, 주장의 일관성 점검하기
- [ ] (미시적 교정) 소리 내어 읽어보며 비문, 어색한 표현, 오탈자 수정하기
- [ ] 맞춤법 검사기 활용 및 최종 교정하기

9. 피드백과 수정 (제13장)

- [ ] 초고를 지도교수와 동료에게 보여주고 피드백 요청하기
- [ ] 피드백을 바탕으로 수정 계획을 세우고, 2차, 3차 원고 완성하기

10. 최종 제출 및 발표 준비 (제12장, 제14장, 제15장)

- [ ] 학과(학술지)의 논문 형식 규정 최종 확인하기
- [ ] 참고문헌 목록이 정확하고 일관되게 작성되었는지 최종 점검하기
- [ ] 프로포절 또는 최종 심사 발표 자료(PPT) 준비 및 예행연습하기
- [ ] 예상 질문 답변 준비 및 최종 리허설 진행하기

부록 2

분야별 주요 학술 데이터베이스 및 저널 리스트

각 학문 분야에서 널리 활용되는 대표 데이터베이스와 주요 학술지 목록을 참고용으로 제시한다. 다만, 등재 여부와 영향력은 매년 변동 가능하므로 최신 상태는 각자 확인하기 바란다.

영문학 및 어문학 (English Literature and Philology)

주요 데이터베이스

- MLA International Bibliography
  현대언어학회(MLA)에서 제공하는 인문학 분야 대표 서지 데이터베이스. 영문학, 어문학, 민속학 등 다양한 주제를 포괄.
- JSTOR
  핵심 학술지의 과거 발행본(Back issue) 제공. 다만 저널별로 최신호 접근 가능 여부가 다르므로 이용 전 확인 필요.
- Project MUSE
  존스 홉킨스 대학교 출판부 운영. 인문·사회과학 분야의 학술 저널과 단행본 원문 제공.

주요 해외 학술지 (A&HCI 등재 사례)

- PMLA (Publications of the Modern Language Association of America)
- Modern Philology
- ELH (English Literary History)
- New Literary History
- Shakespeare Quarterly
- Comparative Literature
- The Review of English Studies

주요 국내 학술지 (KCI 등재 사례)

- 『영어영문학』 (한국영어영문학회)
- 『현대영미어문』 (현대영미어문학회)
- 『영미어문학』 (영미어문학회)
- 『안과 밖: 영미문학연구』 (영미문학연구회)

언어학 (Linguistics)

주요 데이터베이스

- **Linguistics and Language Behavior Abstracts** (LLBA)
  언어학 전 분야(음성학, 통사론, 의미론, 사회언어학 등) 논문·학위논문 초록 제공.
- **Web of Science** (A&HCI, SSCI), **Scopus**
  주요 국제 학술지 검색과 인용 분석 지원.

- **코퍼스 자료**

  실제 언어 사용 데이터를 분석할 수 있는 언어 자료 모음.

  예 국립국어원 '모두의 말뭉치', BNC(British National Corpus), COCA(Corpus of Contemporary American English).

주요 해외 학술지

- Language
- Journal of Linguistics
- Lingua (편집진 이탈 후 Glossa 창간)
- Journal of Pragmatics
- Applied Linguistics

주요 국내 학술지

- 『언어』 (한국언어학회)
- 『담화와 인지』 (담화·인지언어학회)
- 『응용언어학』 (한국응용언어학회)
- 『언어와 정보 사회』 (언어와정보사회학회)

대중문화 및 미디어 (Popular Culture & Media)

주요 데이터베이스

- **Communication & Mass Media Complete (CMMC)**

  커뮤니케이션·미디어·대중문화 연구 핵심 DB.

- **Film & Television Literature Index**

  영화·TV 연구 전문 DB.

- **Scopus / Web of Science**

  문화사회학·미디어 연구 전반 논문 검색 가능.

주요 해외 학술지

- Journal of Popular Culture
- Television & New Media
- Journal of Cinema and Media Studies (구 Cinema Journal)
- Cultural Studies
- Games and Culture
- Media, Culture & Society
- Critical Studies in Media Communication

주요 국내 학술지

- 『대중서사연구』(대중서사학회)
- 『미디어, 젠더 & 문화』(한국여성커뮤니케이션학회)
- 『한국콘텐츠학회논문지』(한국콘텐츠학회)
- 『영상문화』(영상문화학회)

철학 (Philosophy)

주요 데이터베이스

- **The Philosopher's Index**
  철학 분야 권위 있는 서지 DB.
- **PhilPapers**
  철학 논문·서적·연구 자료 온라인 아카이브.
- **JSTOR Philosophy Collection**
  철학 분야 고전·현대 저널 제공.

주요 해외 학술지

- The Philosophical Review
- Mind
- The Journal of Philosophy
- Ethics
- Philosophy & Public Affairs

주요 국내 학술지

- 『철학』 (한국철학회)
- 『철학사상』 (서울대학교 철학사상연구소)
- 『철학연구』 (대한철학회)
- 『시대와 철학』 (한국철학사상연구회)

크립토 인문학 (Crypto-Humanities)

'크립토 인문학'은 공식 학문 분류가 아니라, 블록체인·암호화폐 기술을 인문·사회·철학적으로 탐구하는 신흥 융합 연구 영역을 가리키는 개념임.

주요 데이터베이스

- **SSRN (Social Science Research Network)**
  사회과학 분야 최신 연구(워킹 페이퍼 포함) 공개. 블록체인·암호화폐의 사회·윤리 연구에도 활용 가능.
- **Google Scholar**
  "philosophy of cryptocurrency", "blockchain ethics" 등 키워드로 다양한 분야 논문 탐색.
- **IEEE Xplore, ACM Digital Library**
  주로 공학·컴퓨터 과학 DB이나, 블록체인 기술의 사회·윤리적 영향 관련 논문 일부 수록.

주요 해외 학술지

- Philosophy & Technology
- Journal of the British Blockchain Association (영향력 제한적)
- Ledger (2016년 창간, 블록체인 전문 학술지)
- Frontiers in Blockchain
- Journal of Cybersecurity
- Digital Culture & Society

- Technology in Society
- Journal of Business Ethics

관련 국내 학술지

- '크립토 인문학' 전문 학술지는 없음. 다만 철학·미디어·기술학 분야 학술지에서 관련 주제 논문을 탐색할 수 있음.

  예 『철학』, 『시대와 철학』, 『미디어, 젠더 & 문화』, 『정보통신정책연구』, 『과학기술학연구』

부록 3

연구 윤리 서약서 예시

우리 사회에서 연구 윤리가 강화된 것은 굳이 강조하지 않아도 언론 보도를 통해 자주 접했을 것이다. 오래 전 업적물에 대해서조차 책임을 물어 취소를 할 만큼 연구 윤리에 대한 검증은 갈수록 더 철저해지고 있다. 학계는 물론이고 사회 전반의 이러한 상황에 대한 명확한 인식과 자기 검증이 절대적으로 요구된다.

소속: OOO 대학교 OO대학원 OOO학과

과정: 석사과정 / 박사과정

성명: O O O

본인은 학위논문(또는 학술논문) 「논문 제목」을 작성하고 연구를 수행함에 있어, 연구자로서의 학문적 양심과 사회적 책임을 깊이 인식하며, 다음의 연구 윤리 규정을 준수할 것을 서약합니다.

1. 저작권 및 표절 금지

본인은 타인의 아이디어, 연구 방법, 분석 구조, 데이터, 문장 등을 자신의 것처럼 부당하게 사용하지 않겠습니다. 모든 직접 인용과 간접 인용에는 정확한 출처를 명기하고, 국제적으로 통용되는 인용 규칙을 준수하여 타인의 지적 재산권을 존중하겠습니다.

2. 데이터의 진실성

본인은 연구 과정에서 데이터를 위조, 변조, 왜곡, 누락하지 않겠습니다. 모든 데이터는 정직하고 투명한 절차에 따라 수집·분석되었음을 보증하며, 연구 결과의 신뢰성을 훼손하는 어떠한 행위도 하지 않겠습니다. 또한, 원자료는 소속 기관 규정 또는 관련 학술지의 요구 기간에 따라 최소 5년 이상 보관하고, 학문 공동체가 요구할 경우 이를 제시하겠습니다.

3. 연구 참여자 보호 (인간 대상 연구의 경우)

본인은 연구 참여자의 인권과 복지를 최우선으로 고려합니다. 「생명윤리 및 안전에 관한 법률」 및 소속 기관의 기관생명윤리위원회(IRB) 사전 승인을 받은 후 연구를 진행하며, 참여자에게 연구 목적·과정·예상되는 위험과 이익을 충분히 설명하고, 서면 동의(전자 서명 포함)를 받겠습니다. 참여자의 익명성과 개인정보를 철저히 보호하며, 어떠한 신체적·정신적 피해도 발생하지 않도록 조치하겠습니다.

4. 연구 결과의 공정한 발표

본인은 연구에 실질적으로 기여한 모든 연구자를 저자로 정당하게 명기하고, 기여가 없는 자에게 부당하게 저자 자격을 부여하지 않겠습니다. 또한, 동일한 연구 결과를 중복 게재하거나 이중 투고하지 않겠습니다.

5. 연구비 및 이해상충 공개

본인은 본 연구와 관련된 모든 연구비 지원 내역과 잠재적 이해상충을 투명하게 공개하며, 연구 결과에 부당한 영향이 발생하지 않도록 하겠습니다.

6. AI 및 디지털 도구의 책임 있는 활용

본인은 생성형 인공지능(AI) 및 기타 디지털 도구를 활용할 경우, 사용 목적·범위·도구명·버전을 논문에 명시하고, 모든 생성물은 사실 검증 후 사용하겠습니다. 또한, 기밀 자료나 심사 중인 미출판 원고를 상용 AI 서비스에 업로드하지 않으며, AI 생성물에 대한 학술적·법적 책임이 연구자 본인에게 있음을 인식합니다.

7. 학문 공동체에 대한 책임

본인은 본 연구가 학문과 사회에 기여할 수 있도록 최선을 다하며, 연구 과정과 결과에 대해 모든 책임을 지겠습니다.

위의 사항을 성실히 이행할 것을 서약합니다.

202X년 X월 X일

서약자: ○ ○ ○ (서명)

위 서약서(예시본)는 기관의 필요에 아래 내용 등으로 추가·확장될 수 있다.

안전 규정 준수

- 동물실험, 생물안전, 환경안전 등 관련 법규와 기관 규정을 준수한다.

출판 및 심사 윤리

- 심사자·편집자로서 알게 된 원고 내용과 연구 자료에 대해 기밀을 철저히 지킨다.

사회적 영향 고려

- 연구 결과가 사회적 차별, 편견, 위해를 조장하지 않도록 주의한다.

데이터 공유 및 개방

- 연구 데이터와 코드, 연구 과정 자료를 공개하여 학문 공동체가 검증·재현할 수 있도록 한다.

교육 및 지도 관계 윤리

- 지도교수·동료 연구자와의 관계에서 권력 남용 방지, 연구윤리 교육 이수 등에 관한 항목을 명시한다.

연구 성과의 부정 사용 방지

- 연구 결과가 군사적·범죄적·불법적 목적으로 오용되지 않도록 주의한다.

이광희 문학박사
한양대학교 인문과학대학 교수
언어학, 대중문화, 화폐철학 등 학제 간 연구 및 교육
교과서, 학습서, 학술서 20여 종 집필

인문사회과학 논문 작성법

펴낸날 2025년 9월 30일 초판 1쇄
지은이 이광희 ● **펴낸이** 이기정
펴낸곳 한양대학교출판부 ● **출판등록** 제4-7호(1972.2.29)
주소 서울 성동구 왕십리로 222 ● **전화** 02.2220.1432-4 ● **팩스** 02.2220.1435
홈페이지 press.hanyang.ac.kr ● **이메일** presshy@hanyang.ac.kr
편집·본문디자인 김민지 ● **표지** 안광일 ● **인쇄** 네오프린텍

ISBN 978.89.7218.849.0 (93300)